太中银铁路培训丛书

铁路工务技术

杨绍清　主　编
王启铭　副主编

中国铁道出版社

2011年·北京

内容简介

本书共八章，主要结合太中银铁路工务系统的线桥隧设备状况，系统介绍了太原铁路局管内工务设备的路基、桥梁、隧道、涵渠、轨道、线路测控网、轨道精调、安全防护设施等内容及技术参数。

本书可用于太中银铁路职工培训，也可供相关专业技术人员、管理干部以及其他读者学习参考。

图书在版编目(CIP)数据

铁路工务技术/杨绍清主编．—北京：中国铁道出版社，2011．5
(太中银铁路培训丛书)
ISBN 978-7-113-12913-2

Ⅰ．①铁…　Ⅱ．①杨…　Ⅲ．①铁路工程—技术培训—教材　Ⅳ．①U2

中国版本图书馆 CIP 数据核字(2011)第 074323 号

书　　名：铁路工务技术
作　　者：杨绍清　主编

责任编辑：程东海　**电话**：51873135　**教材网址**：http://www.tdjiaocai.com
封面设计：郑春鹏
责任校对：张玉华
责任印制：陆　宁

出版发行：中国铁道出版社(100054，北京市宣武区右安门西街 8 号)
网　　址：http://www.tdpress.com
印　　刷：三河市华业印装厂
版　　次：2011 年 5 月第 1 版　2011 年 5 月第 1 次印刷
开　　本：787 mm×1 092 mm　1/16　印张：5.75　字数：133 千
书　　号：ISBN 978-7-113-12913-2
定　　价：14.00 元

编委会名单

序

太原至中卫(银川)铁路,简称“太中银铁路”,包括太中线和银川联络线,太原至中卫正线748 km,银川联络线(定边至银川)194 km。太中银线是位于京包铁路以南、陇海铁路以北的一条东西向铁路干线,是连接西北、华北的一条大能力、便捷的铁路运输通道,是我国“十一五”规划的重点工程项目,是我局第一条高等级铁路,线路东起山西太原,西端分别至宁夏中卫和银川,途经3省7市22县,2006年5月开工,2010年11月底竣工,2011年1月11日开通运营。太中银铁路设计货运能力8 000万吨/年(双线)。

太中银铁路充分运用现代技术,采用了一系列新设备、新技术、新方法。典型代表是采用了先进的分散自律调度集中系统(CTC),极大地提高了运输效率,提高了保障安全生产的能力。为进一步提高职工队伍素质,把太中银铁路建成安全、标准、示范线,路局决定编写太中银铁路职工培训系列丛书,作为职工培训教材。

本套《太中银铁路培训丛书》,以“符合现场实际、解决实际问题、职工作业实用”为原则,在路局杨绍清局长、张义平书记和总工程师王启铭的亲自组织安排下,由职教处组织,业务处室牵头,相关站段和职工培训基地参与,在现场调研的基础上,分专业集体研究编制了编写大纲,按照大纲确定编写内容,并由业务处室把关审稿。

《太中银铁路培训丛书》详细讲述了太中银线先进的技术设备和作业,突出了先进性、针对性、实用性、可操作性,用于太中银铁路职工培训,亦可供技术人员、管理干部以及其他读者参考。

本套丛书共八册,分为《铁路行车技术》、《铁路货运技术》、《铁路客运技术》、《铁路机务技术》、《铁路供电技术》、《铁路工务技术》、《铁路车辆技术》、《铁路通信技术》。在编写过程中得到路局领导、相关业务处室和站段的大力支持与帮助,在此一并表示衷心的感谢。

由于编写时间较紧,本书可能存在一些不足,请读者批评指正。

太原铁路局

2011年3月

前言

太原至中卫(银川)铁路(以下简称太中银铁路)是《中长期铁路网规划》中西北至华北新通道的重要组成部分。线路东起太原南站,西达包兰线中卫站、银川站,跨越山西省中部、陕西省北部、宁夏回族自治区中北部地区,三跨黄河,为“十一五”期间建设的又一条Ⅰ级客货共线区际干线铁路。全线最高运行时速160 km,预留时速200 km条件。太中银铁路于2011年1月11日胜利通车运营,大大提高了上述区域运输效率,对于增强西北与东部沿海地区的经济、社会、科技、文化交流,促进西部大开发战略实施、保障国家能源运输安全、促进沿线资源开发和推动民族地区、革命老区发展具有十分重要的意义。

太中银铁路在运营模式、安全管理、线桥设备、养护技术等方面均与以往线路有较大差异。为方便我局太中银铁路有关干部职工尽快熟悉并掌握现场工务设备的特点及技术标准,组织编写了《铁路工务技术》。本书结合太中银铁路工务系统的线桥隧设备状况,系统介绍了太原铁路局管内工务设备的路基、桥梁、隧道、涵渠、轨道、线路测控网、轨道精调、道岔精调精修、安全防护设施等内容及技术参数,对工务系统线桥设备的养护维修具有很好的指导作用。本书具有以下特点:知识与技能相结合,力求理论联系实际,深入浅出,全面剖析;图文并茂突出重点,有利于读者理解相关技能的要点与难点;立足科技涵盖广泛,对于线路测控网、轨道精调、异物侵限监测系统等新设备、新工艺、新技术进行了详实介绍;生产与安全相结合,在介绍设备正确养修方法的同时,指出了以往单凭经验的错误做法,旨在提高读者业务技能的同时,树立“严检慎修”的养修理念。

本书由工务处处长王旭荣,职教处处长张岳黄组织编写。第一章“太中银铁路设备概况”和第二、三、四章“桥隧部分”,由太原工务段王俊国、毕建军、张晓光、杨庆华、范友刚编写;第五、六、七章“线路部分”和第八章“安全防护设施”,由太原工务段王志刚、刘冠英、张起世、张小倩、荆素敏编写。本书由张建峰、王光建统稿并审定。

由于时间仓促,内容繁多,加之编者的水平有限,书中难免有疏漏和不足之处,恳请广大读者予以批评指正,以便我们不断修订完善。本书仅作内部有关干部职工学习、培训之用,不作为设备故障乃至事故的定性依据,书中若有与部、局技术规章相悖之处,以部、局技术规章为准。

编　者

2011年3月15日

目　录

第一章　太中银铁路设备概况

第一节　太中银铁路概述

新建太原至中卫(银川)铁路包括太中线和银川联络线(图1－1)。太中正线自太原南站至包兰线迎水桥编组站。正线起点石太线太原南站K955＋000(计算起点为胶济客专的青岛站,货车线自榆次编组站引出),经山西省太原市、晋中市、太原市小店区,跨汾河,经清徐县,进入山西省吕梁市交城县,经文水县、汾阳县,越吕梁山,沿东川河进入离石县、吕梁市,经柳林县跨越黄河,进入陕西省榆林市吴堡县,越岭进入绥德县,在县城附近跨越无定河及神延铁路,沿大理河行进,经子洲县、横山县,经蚂蚁河,越岭后进入鄂尔多斯台地,经毛乌素沙漠南缘进入靖边县,经榆林市定边县进入宁夏回族自治区吴忠市盐池县,经吴忠市太阳山规划园区、宁夏红寺堡开发区进入中卫市中宁县,跨越黄河和包兰铁路,引入包兰线上的黄羊湾车站,经中卫市引入包兰线上的迎水桥编组站,线路终点为迎水桥编组站站中心,正线长度748.181 km。

银川联络线自定边站引出,经榆林市定边县进入宁夏回族自治区吴忠市盐池县,并行307国道和青银高速公路进入灵武县,经宁东能源重化工基地和灵武县,跨越黄河进入永宁县,接入银川枢纽包兰线上的平吉堡站,线路终点为银川站,长度194.025 km。

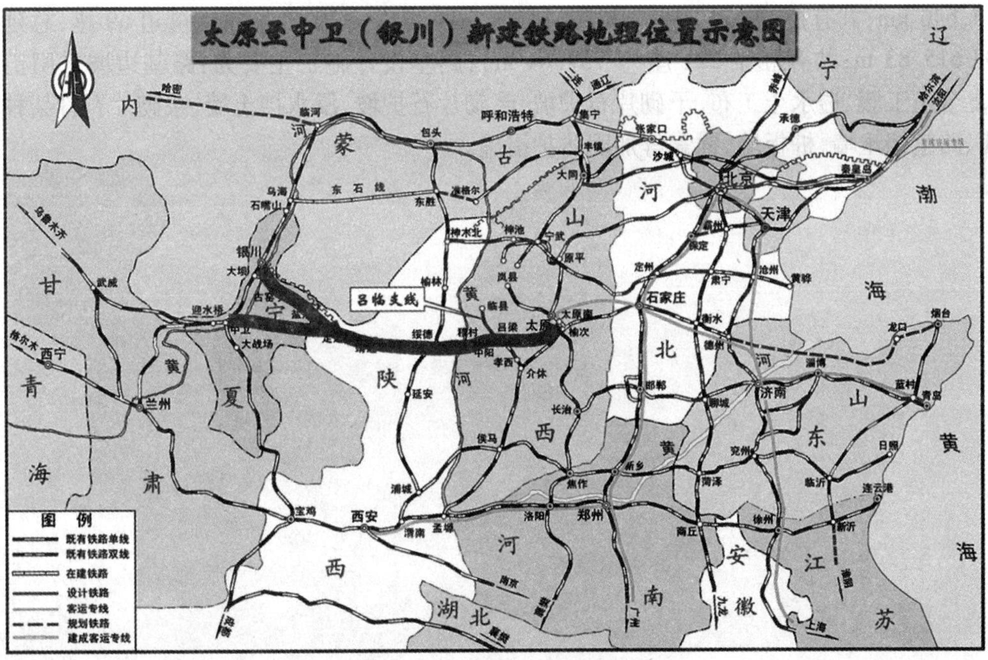

图1－1　太中银铁路地理位置示意图

第二节　太中银铁路系统简介

太中银铁路系统由工务工程、牵引供电、通信信号、电动车组、信息系统、运用维修等六大子系统组成。

太中银各子系统之间既自成体系，又相互关联，既有硬件接口，又有软件联系，对整体性和系统性的要求很高。为确保技术体系的完整性和各子系统之间紧密衔接，严格按系统工程施工，加强系统设计，强化系统集成，统一协调监管太中银高速铁路建设。

第三节　太中银铁路(太原局)工务设备概况

太中银铁路太原局管段自太原南站至陕西吴堡站外，里程 K955 +000 ~ K1173 +653，沿线新建北六堡、清徐、交城、文水、汾阳、褚家沟、吴城、吕梁、柳林南 9 个车站，改建榆次编组场与鸣李 2 个车站。正线铺设:60 kg/m 长钢轨跨区间无缝线路、60 kg/m 钢轨 12 号可动心轨道岔(直向 200 km/h、侧向 50 km/h)，Ⅲ型轨枕(1 667 根/km)；站线铺设:50 kg/m、25 m标准钢轨，50 kg/m 钢轨 9 号、50 kg/m 钢轨 12 号道岔，新Ⅱ型轨枕(1 520 根/km)；正线限制坡度一般地段 6‰，困难地段 13‰；最小曲线半径一般地段 3 500 m，困难地段 2 800 m；旅客列车设计行车速度为 160 km/h，预留 200 km/h 条件；长大隧道内采用无砟轨道技术，整体道床采用双块式无砟轨道结构、WJ - 8C 型扣件，无砟有砟过渡段采用 WJ - 7 型扣件。管内北六堡站(不含站线)至吴堡间正线长 342. 982 km，站线长度 59. 329 km，正线路堤长度 54. 55 km，正线路堑长度 14. 646 km；共有桥梁 159 座(77 562. 04 m)，占线路总长 30. 3%；正线隧道 69 座，总延长米为 93 615. 83 m；共有涵渠 221 座(7 757. 64 m)；路基设计施工主要为:路基边坡采用土工格栅、复合土工膜、透水土工布、干砌片石护坡、浆砌片石护坡、浸水挡土墙、浆砌片石骨架种植紫穗槐、路堑挡土墙、桩板墙、锚索等加固防护措施。

第二章 路 基

第一节 路基特点

太中银铁路路基工点类型主要有:路堤坡面防护、高路堤、浸水路堤、路堑坡面防护、深路堑、膨胀土路堑、地下水路堑、陡坡路基、松软土地基路堤、地震液化地基路堤、滑坡地段路基、采空区路基、挡土墙等。路堤填高一般8 m,最大填高28 m,路堑一般挖高15 m,最大边坡高不超过30 m。路堤边坡防护根据填料性质、气候条件、边坡高度等具体情况采取不同的防护类型。路堤边坡高度小于4 m时,坡面采用斜铺固土网垫加喷播植草防护或采用种紫穗槐防护。路堤边坡高度为4~8 m时,坡面采用4 m×4 m M7.5水泥砂浆砌片石带截水槽拱型骨架护坡,骨架内喷播植草或种紫穗槐进行防护。路堤高度大于8 m时,在路堤两侧边坡水平宽度2.5 m范围内,自坡脚至基床表层下每隔0.6 m铺设一层抗拉强度为30 kN的双向土工格栅,坡面采用4 m×4 m M7.5水泥砂浆砌片石带截水槽拱型骨架护坡,骨架内喷播植草或种紫穗槐。

一、路基设计要求

路基设计标准按《新建时速200公里客货共线铁路设计暂行规定》和《铁路路基设计规范》(TB 10001—2005)中Ⅰ级铁路的有关规定执行。

1. 具备足够的强度、刚度、稳定性。
2. 满足耐久性要求。
3. 与相邻构筑物的变形及刚度协调一致。

二、路基的主要特点

1. 路基变形控制标准高,工后沉降不大于20 cm,严格控制不均匀变形。
2. 路基强度高,刚度大且均匀性要求高。要求路基的刚度越大,弹性变形小,且刚度变化均匀。从路基基床厚度、填料要求、压实标准及检测方法等方面均予以保证。
3. 在列车快速运行及自然条件下长期稳定。要求路基在列车动荷载的长期反复作用及各种不良自然环境的影响(气温、雨雪、地震、洪涝等)下,路基整体稳固,路基强度持续不变,弹性及变形保持不变,寿命长、少维修。

第二节 路基面宽度断面形式及曲线加宽

1. 路肩宽度

(1)160 km/h速度,路堤0.8 m,路堑0.6 m。区间直线地段标准路基面宽度按表2-1取值。

(2)200 km/h速度,路肩宽度不小于1.0 m。区间直线地段标准路基面宽度按表2-1取值。

2. 加宽要求

(1)200 km/h 速度曲线地段路基面加宽按《新建时速 200 公里客货共线铁路设计暂行规定》办理。

(2)160 km/h 速度曲线地段路基面加宽参照表 2-2 所列。

表 2-1　直线地段标准路基面宽度

项目				单位	Ⅰ级铁路	
线别					太中银线	
旅客列车设计行车速度				km/h	160	200
双线线间距				m	4.2	4.4
道床顶面宽度				m	3.4	3.5
基床表层类型	土质	道床厚度		m	0.5	—
		单线	路堤	m	7.8	
			路堑	m	7.4	
		双线	路堤	m	12.2	
			路堑	m	11.8	
	硬质岩石	道床厚度		m	0.35	0.35
		单线路堑		m	6.8	7.7
		双线路堑		m	11.2	12.3
	级配碎石或级配砂砾石	道床厚度		m	0.3	0.3
		单线	路堤	m	7	7.7
			路堑	m	6.6	7.7
		双线	路堤	m	11.4	12.1
			路堑	m	11	12.1

表 2-2　曲线地段路基加宽

曲线半径 R(m)	路基面外侧加宽值(m)	曲线半径 R(m)	路基面外侧加宽值(m)
$R>6\ 000$	0.2	$R<3\ 500$	0.4
$3\ 500\leq R\leq 6\ 000$	0.3		

3. 路基面形式

路基面应设计为三角形,由中心线向两侧设 4% 的横向排水坡。曲线加宽时,路基面仍保持三角形。基床表层、底层均应做成与路拱相同的横向排水坡。

路基基床分为表层和底层,表层厚度 0.6 m,采用 0.5 m 级配碎石或级配砂砾石 + 0.1 m 中粗砂 + 两布一膜土工布,基床底层 1.9 m,总厚度 2.5 m。基床表层选用级配碎石,基床底层选用 A、B 组填料或改良土,或就近采用当地 C 组填料填筑时,其压实系数 K 值必须达到规范要求。

第三节　地基处理

1. 换填地基

换填是软弱土层加固的一种形式。换填材料种类较多,如土石混填、灰土、砂或砂砾、碎石或卵石以及粉煤灰等。一般根据结构物、地质和施工条件选定，但换填仅用于浅层地基处理。

2. 重锤夯实

重锤夯实需要确定的试夯参数为：重锤、底面直径、落距、夯击遍数，最后下沉量和总下沉量。

3. 强夯

强夯法加固地基，应根据现场的地质条件和工程要求，正确选择强夯参数，可以有效而经济地达到目的。重要参数为：锤重、落距、单点夯击能、夯击遍数、相邻两次夯击遍数的间歇时间、夯击点布置、加固深度等。

4. 挤密桩

挤密桩的填料为：灰土、石灰、水泥、粉煤灰。桩体检验可用环刀取土，或洛阳铲深层取样，直接挖桩检验也是一种方法。由于挤密桩系复合地基，地基承载力一般用平板载荷实验确定。

5. 碎石桩

碎石桩施工必须严格控制电流、水压、留振时间和填石量，以保证桩的质量。水压是成孔的保证；密实电流是碎石振密的反映；留振时间是振密桩体和扩大桩径的重要因素；填石量是检验施工的标准。

6. 粉喷桩

影响粉喷桩质量的主要因素为加固料的喷入量和加固料土的搅拌均匀程度，因此要求加固料喷入量必须符合设计要求。为提高桩身上部1/3桩长范围内桩身强度，应在桩的上部重复搅拌，以提高加固料与土的搅拌均匀程度。加固料多为水泥、石灰粉等其技术指标和质量标准一般由设计文件具体规定。

7. 旋喷桩

影响旋喷桩质量的主要因素为加固料的喷入量和加固料与土的搅拌均匀程度，因此要求加固料喷入量必须符合设计要求。为提高桩身强度，应在桩长范围内重复搅拌，以提高加固料与土的搅拌均匀程度。

第四节　路基抗震设计标准及其他

1. 抗震主要措施

(1)在岩石和非液化土、非软土地基上的路堤，边坡高度大于表2－3规定时，其边坡坡度应按现行《铁路路基设计规范》规定放缓一级。

表2－3　路基抗震设计标准

填料 ＼ 铁路等级 / 地震烈度	Ⅰ级铁路	
	Ⅷ	Ⅸ
岩块及细粒土(m)	15	10
细粒土(m)	6	3

(2)路基为半填半挖和路堤修筑在地面横坡大于1∶5的稳定斜坡上时，原地面应挖台阶，

台阶宽度不小于1.5 m。

(3)路堤地基为液化土层时,采取加固地基土或设置反压护道等措施。

(4)在液化地区取土时,Ⅰ、Ⅱ级铁路路堤高度大于3 m的地段,取土坑至坡脚的距离不小于3 m。

(5)设计烈度为Ⅷ度及以上时,Ⅰ、Ⅱ级铁路的岩石路堑,不宜采取大爆破施工。

2. 其他

(1)声屏障设置于路肩外。

(2)电缆槽、接触网支柱基础等与路基同步施工,并采取防排水措施。

(3)修筑于路肩上的各种设备不得损坏、危及路基的稳固与安全,并应与路基修建同步进行。

(4)本线采用大型养路机械养护,未设置养路机械作业平台。

(5)路基基床铺设土工合成材料进行防渗处理时应全断面铺设。

第五节 路基防排水

1. 地表排水

(1)在地面横坡明显地段,路堤的排水沟或路堑的天沟在上方一侧设置,横坡不明显时,在路基两侧设置排水沟或天沟。

(2)天沟边缘至堑顶距离不小于5.0 m,当土质良好,堑坡不高或沟内采用防渗措施时,不小于2.0 m。排水沟在路堤护道外设置。

(3)天沟、侧沟、排水沟的出口将水引排至路基以外,防止水流冲刷路基。困难条件下,天沟内水流无法引至路基外,设急流槽引入侧沟。

(4)地面排水设施的纵坡不小于2‰,困难地段不小于1‰。

(5)天沟、排水沟的断面过水流量满足$Q_{1/50}$流量要求,一般采用底宽0.4 m,深0.6 m的梯沟。

(6)侧沟的断面过水流量满足$Q_{1/50}$流量要求,一般采用底宽0.6 m,深0.8 m的梯沟,并采用M7.5浆砌片石护砌。侧沟靠线路一侧每隔2 m设一泄水孔,泄水孔采用软式透水管或塑料渗水盲管。

(7)软质岩路堑、强风化或构造破碎的硬质岩路堑及土质路堑,侧沟深度和构造应考虑基床表层的排水的需要。采用明沟或暗沟与明沟相结合的排水形式。

2. 地下排水

(1)当地下水位较高、潜水层埋藏不深时,采用排水沟或暗沟截流地下水及降低地下水位,沟底埋入不透水层内。沟壁最下一排渗水孔的底部高出沟底不小于0.2 m。

(2)排水沟或暗沟采用混凝土浇筑或浆砌片石砌筑,在沟壁与含水地层接触面的高度处,设置有一排或多排向沟中倾斜的渗水孔。

(3)排除地下水的渗沟均设置排水层、反滤层和封闭层。反滤层底部沿线路方向设有一道纵向渗水盲沟,引集渗沟及挡土墙后坡面地下水。

(4)长度为100~300 m的管式渗沟,末端设有横向泄水管分段排除地下水。

3. 过渡段排水

过渡段桥台背渗水墙(板)、横向排水槽(管)(如图2-1所示)等排水设施,其连接方式应符合设计要求,铺设应平顺、整齐、牢固,排水畅通。

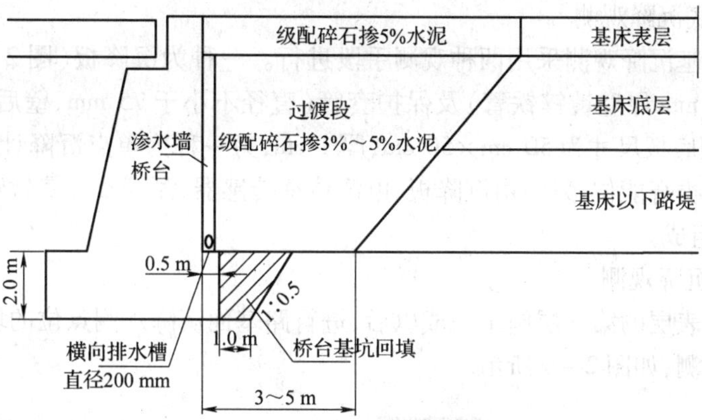

图 2－1　渗水墙、横向排水槽示意图

4. 临时排水

路基填筑过程中,边坡没有防护,为防止雨水冲刷边坡,浸泡冲蚀路基,施工过程中在路基边坡上每 20 ~30 m 修筑临时引水槽,修筑一层后长时不填时,在路基两侧修筑临时拦水埂,将雨水导至引水槽排出路基。引水槽可采用土工膜底修筑,修筑边坡防护时拆除。

第六节　路基沉降观测

路基沉降观测主要是观测路基基底沉降和路基面沉降。路基面沉降观测断面与路基基底沉降断层断面设在同一横断面上,以便于各观测数据的综合分析,路基沉降观测一般不小于 6 个月。

1. 观测点位的布置

(1)路基面观测断面,沿线路方向的间距一般为 50 m;地基条件均匀良好的路堑、高度小于 5 m 的路堤放宽到 100 m;地形地质条件变化较大地段适当增加观测断面。

(2)路基基底观测断面一般纵向间距为 50 ~100 m;路堤高度小于 3 m 且地基压缩层厚小于 5 m 地段可放宽到 100 m。

(3)路基面每个断面设左、中、右(左右点距路基中心 3.3 m)3 个观测桩;路基基底观测点设在路基断面中间的基底上。路基沉降观测断面见图 2－2。

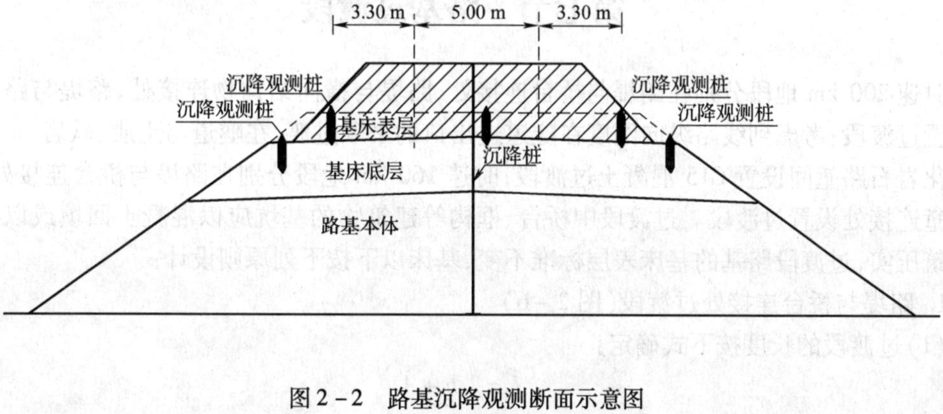

图 2－2　路基沉降观测断面示意图

2. 沉降观测元器件

(1)路基基底沉降观测

路基基底地基沉降观测采用两种观测手段进行。一种为沉降板(图2－3),由钢底板、金属测杆(直径40 mm厚壁镀锌铁管)及保护套管(直径不小于75 mm、壁后不小于4 mm的硬PVC管)组成,钢底板尺寸为50 cm×50 cm,厚1 cm;另一种为单点沉降计(图2－4),是一种埋入式电感调频类智能位移计,由沉降板、电测位移传感器、测杆及金属软管、锚头、加长杆、灌浆管、底层锚头组成。

(2)路基面沉降观测

在路基基床表层的第一层施工完成以后,进行路基面沉降观测点位的埋设,采用的是路基面沉降观测桩观测,如图2－5所示。

图2－3　沉降板

图2－4　单点沉降计

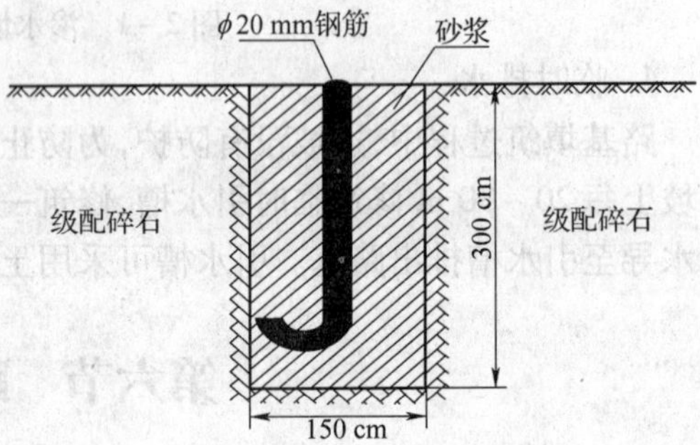

图2－5　路面观测桩

3. 过渡段沉降观测以路基面沉降和不均匀沉降观测为主,观测期与一般路基相同,一般不小于6个月。

(1)路桥过渡段分别在结构物端头处,距结构物起点1～3 m处、15～25 m处、50 m处各设一个观测断面,每个观测断面各设左、中、右(左右点距路基中心3.2 m)3个观测桩。

(2)路涵过渡段在涵洞中心里程路基面、距中心两侧15～25 m、50 m处各设一个观测断面,每个观测断面设左、中、右三个观测桩。

(3)路堤路堑过渡段,在分界处设路基面观测断面,每个观测断面设三个观测桩。

第七节　路基过渡段

时速200 km地段分别在路堤与桥台连接处、路堤与横向结构物连接处、路堤与路堑连接处设置过渡段;考虑到线路纵向刚度在隧道进出口的平顺过渡,在隧道与土质、软岩、全风化与强风化岩石路堑间设置C15混凝土过渡段;时速160 km地段分别在路堤与桥台连接处、路堤与路堑连接处设置过渡段。过渡段中桥台、框构等建筑物的基坑应以混凝土回填或以碎石分层填筑压实,过渡段路基的基床表层标准不变,基床以下按下列原则设计:

1. 路堤与桥台连接处过渡段(图2－6)

(1)过渡段的长度按下式确定:

$$L=2h+A$$

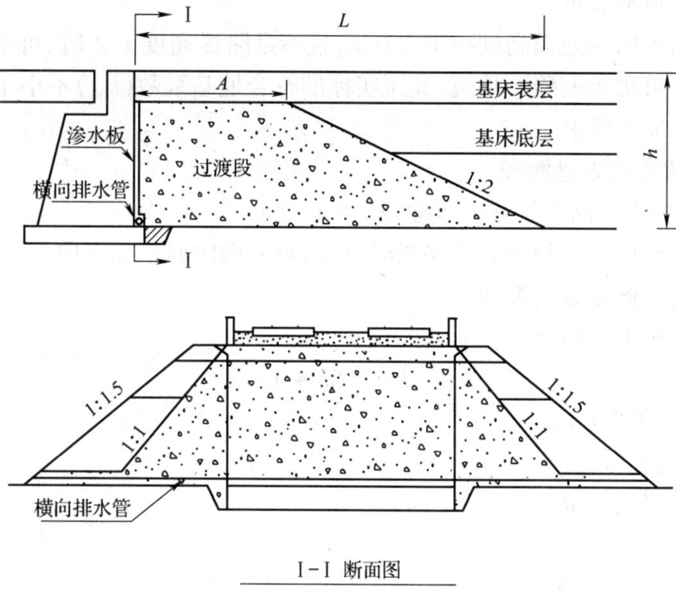

图 2-6　路堤与桥台连接处过渡段设置方式图

式中　L——过渡段长度(m)；

h——路堤高度(m)；

A——常数,可取 3~5 m。

(2)过渡段采用 A 组土分层填筑(砂类土除外),压实度符合基床表层压实标准。

(3)台后基坑应以混凝土回填或以碎石分层填筑压实,并做好横向排水。

(4)过渡段应与其相连的路堤按一体同时施工。

(5)台背不宜碾压的 2 m 范围内应掺 3% ~5% 的水泥。

2. 路堤与横向结构物(立交框构、箱涵)连接处过渡段(图 2-7)

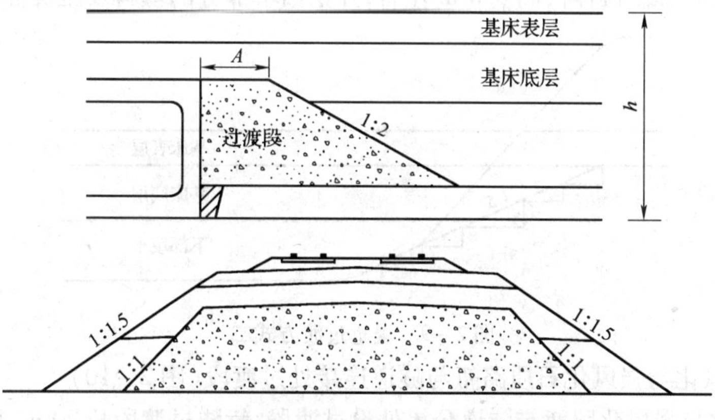

图 2-7　路堤与横向结构物连接处设置方式图

(1)过渡段的长度按下式确定:

$$L=2h+A$$

式中　L——过渡段长度(m)；

h——结构物高度(m)；

A——常数，可取 2 m。

当横向结构物顶面距地面高度小于 1.0 m，且不足路堤高度 1/2 时，可不设过渡段。过渡段在基床表层以下可用级配碎石填筑，其压实标准符合地基系数（k_{30}）不小于 150 MPa/m 和空隙率（n）不大于 28% 的要求。

3. 路堤与路堑连接处过渡段

（1）路堤与硬质岩石路堑连接处过渡段（图 2－8）

当路堤与路堑连接处为硬质岩石路堑时，在路堑一侧顺原地面纵向开设计台阶，台阶高度 0.6 m，并应在路堤一侧设置过渡段。

过渡段的长度按下式确定：

$$L = 1.5h + A$$

式中　L——过渡段长度（m）；

h——路堤高度（m）；

A——常数，可取 2 m。

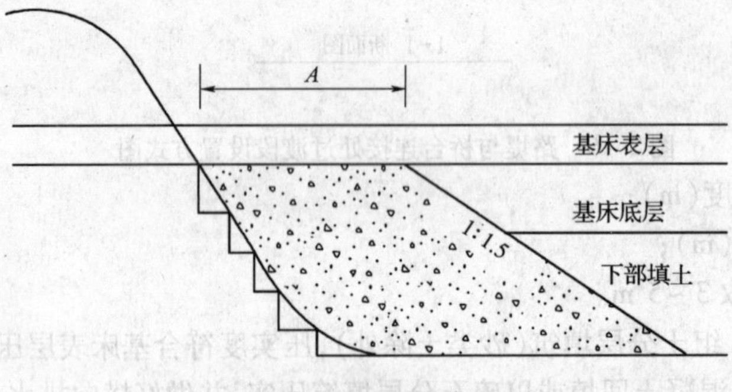

图 2－8　堤堑过渡方式一

（2）路堤与软质岩石或土质路堑连接处过渡段（图 2－9）

当路堤与路堑连接处为软质岩石或土质路堑时，应先沿原地面纵向挖成 1∶1.5 的坡面后，再在 1∶1.5 在坡面上设置台阶，高 0.6 m 左右，开挖回填部分的填料及压实标准与路堤相同。

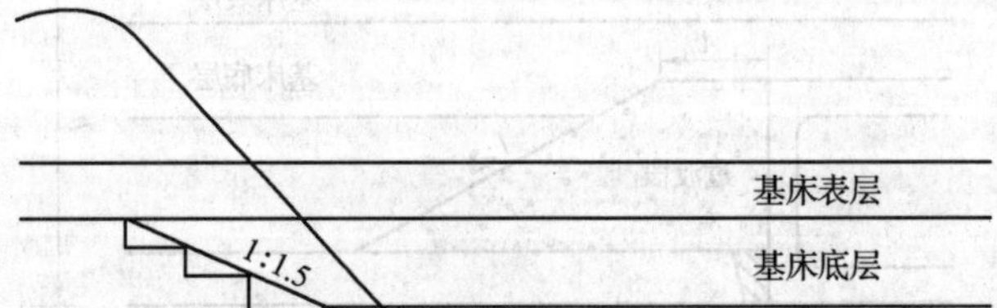

图 2－9　堤堑过渡方式二

4. 土质、全风化与强风化石质路堑与隧道连接处过渡段（图 2－10）

土质、全风化与强风化路堑与隧道分界处设过渡段，堑隧过渡段长 20 m，采用 C15 混凝土浇筑，路基面范围内从连接处顺路堑方向 0～5 m，厚 1.2 m，以后每 4 m，低 0.2 m，横断面为矩形。

5. 过渡段填料要求

时速 200 km 地段路桥过渡段采用级配碎石填筑，路堤与横向结构物间以及路堤与路堑间过渡段可采用 A 组填料填筑。当为路堤与桥台过渡段时在台背不易碾压的 2 m 范围内掺入

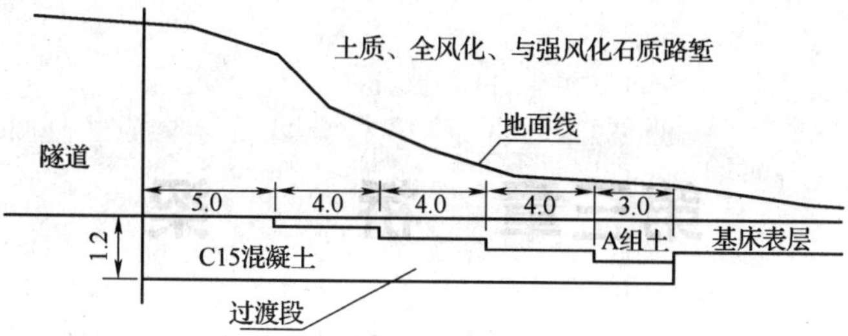

图 2－10　堑隧过渡方式图(单位:m)

5% 的水泥。具体断面型式及压实标准见有关规范。

时速 160 km 地段过渡段采用 A 组填料或级配碎石填筑，当过渡段浸水时，浸水部分的填料还应满足渗水土的要求。具体断面型式及压实标准见有关规范。

第三章　桥　　梁

客货共线铁路,为保证桥上线路的正常运营,桥梁应具备以下功能:(1)梁体应有足够大的竖向刚度、横向刚度和扭曲刚度,限制因温差混凝土徐变产生的上拱变形,以保证线路的高平顺性和避免不良的车、桥动力响应;(2)桥梁墩台应具有足够大的纵向刚度,以限制桥上无缝线路轨道的附加应力和制动时梁、轨相对位移,保证桥上无缝线路的稳定和平顺;(3)桥型的选择应尽量避免增设长钢轨温度调节器;(4)桥梁结构及构造布置应符合耐久性要求,并便于检查和维修。

太中银铁路太原铁路局管段 K955 + 000 ~K1173 + 653 共有特大桥 35 座(59 326.76 m);大桥 68 座(15 866.38 m);中桥 30 座(2 099.58 m);小桥 26 座(269.32 m)。共计有特大桥,大、中、小桥共 159 座(77 562.04 m),占线路总长 30.3%。桥梁的主要承重结构按 100 年使用要求设计。桥梁的上部结构主要采用了简支梁、预应力混凝土连续梁,设计活载采用"中—活载"。

第一节　桥梁的主要结构

1. 桥梁下部结构

太中银铁路的桥梁基础分别采用明挖基础、钻(挖)孔桩基础、沉井基础、扩大基础等形式;桥墩一般采用单、双线圆端形实体墩、空心墩,斜交角度很大的跨河桥采用圆形实体墩。

太中银铁路桥墩的主要特点:(1)结构外形力求简洁,便于养护维修;(2)具有超强的耐久性和抗震性;(3)墩顶预留千斤顶顶梁位置;(4)一般采用实体墩和空心墩,确保桥墩具有足够的刚度;(5)对于空心高墩,在空心墩墩顶设置进入口并安装永久性防护门,内壁设置永久性防护梯。

2. 桥梁上部结构

(1)梁体的主要结构分别为:预制架设法施工的钢筋混凝土 T 形简支梁及浇筑法施工的钢筋混凝土箱型连续梁。

简支梁、连续梁桥面布置如图 3 - 1、图 3 - 2 所示。

(2)桥面结构除线路结构外,桥面结构还包括:电缆槽、人行道栏杆、桥面防水层、泄水管和管盖、有砟桥面梁缝挡砟钢板、接触网立柱和基础、声屏障等组成。采用优质防水层和伸缩缝,确保桥面污水不直接在梁体上流淌。

(3)本线桥上支座全部采用盆式橡胶支座(图 3 - 3)。

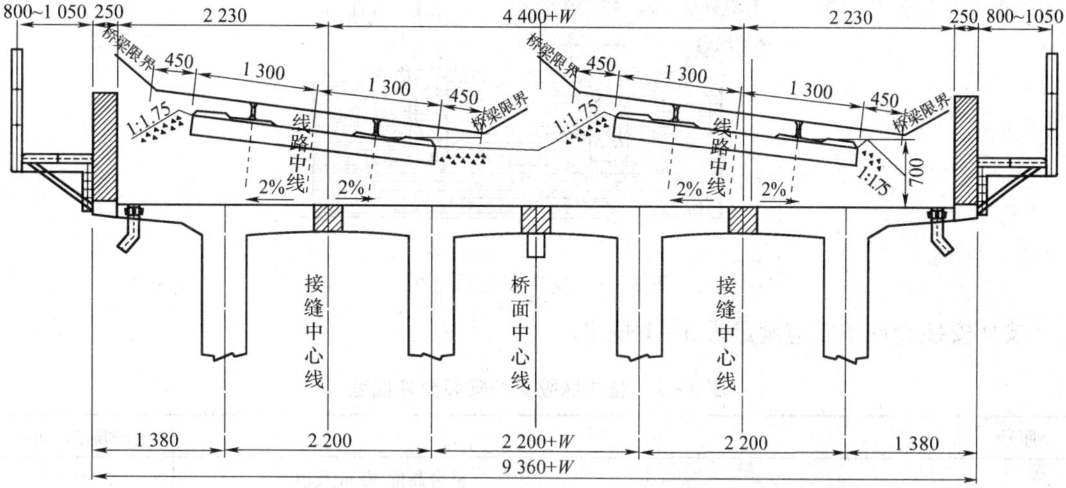

图 3－1 简支梁桥面布置（曲线，单位：mm）

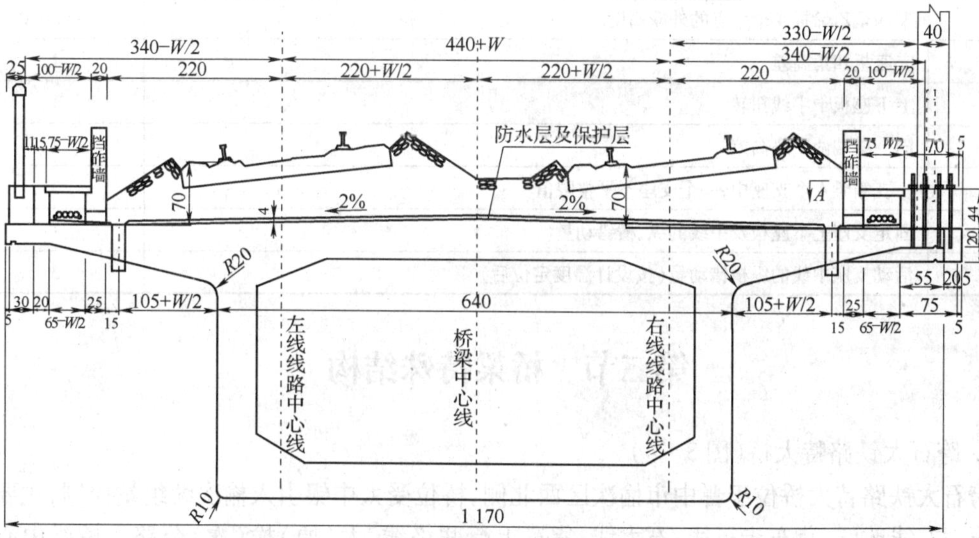

图 3－2 连续梁桥面布置（曲线，单位：mm）

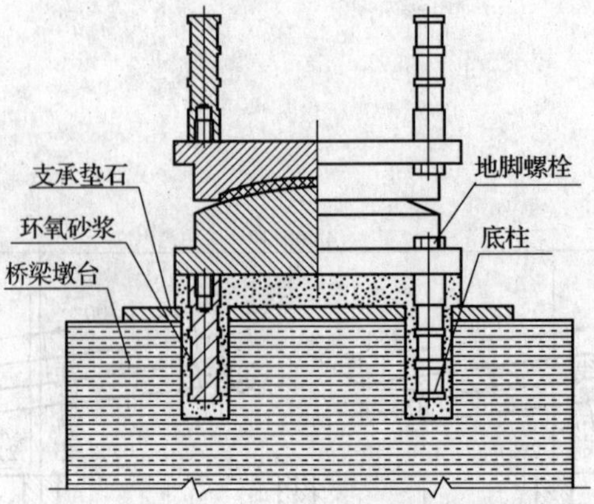

图 3－3　支座安装示意图

支座安装允许偏差应满足表 3－1 规定。

表 3－1　盆式橡胶支座安装允许偏差

序号	项　目		允许偏差（mm）
1	支座下座板中心与墩台支座设计中心纵向错动量	墩台高度 30 m 及以下	20
		墩台高度大于 30 m	15
2	支座下座板中心与墩台支座设计中心横向错动量	墩台高度 30 m 及以下	15
		墩台高度大于 30 m	10
3	同端支座中心横向距离	偏差与桥梁中心线对称	+30、－10
		偏差与桥梁中心线不对称	+15、－10
4	聚四氟乙烯板 4 个角点的外露高度		+0.6、0
5	支座板四角高差		1
6	上下座板十字线扭转		1
7	同一梁端两支座高差		1
8	一孔箱梁 4 个支座中，一个支座不平整限值		3
9	固定支座上下座板及中线的纵、横错动量		1
10	活动支座中线的纵横错动量（按设计温度定位后）		3

第二节　桥梁特殊结构

1. 跨石太铁路特大桥（图 3－4）

跨石太铁路特大桥位于晋中市榆次区西北侧，桥位受太中银引入榆次编组站控制，主要跨越改石太右线改线、货车走行线、石太线、货车上行联络线、太（原）榆（次）公路。桥梁中心里程 K963.4244，全桥长 7 594.43 m。本桥跨越的控制工点较多，为满足限界要求，一般采用大跨度连续梁，斜交角度太大无法采用连续梁时采用框架墩配小跨度简支梁。其余孔跨布置以 32 m简支梁为主，调跨时采用 20、24 m 简支梁。全桥孔跨布置为（22－32 m）+（1－24 m）+（1－20 m）+（8－12 m）+（1－20 m）+（1－24 m）+（53－32 m）简支梁 +（48 +80 +48）m 连续梁 +（3－32 m）+（3－24 m）+（4－32 m）简支梁 +（48 +80 +48）m 连续梁 +（1－32 m）+

(1 - 24 m) + (7 - 32 m) + (1 - 24 m) + (2 - 32 m)简支梁 + (48 + 80 + 48)m 连续梁 + (1 - 32 m) + (2 - 24 m) + (58 - 32 m)简支梁。连续梁采用悬臂浇注法施工,简支梁采用预制架设法施工。

图 3 - 4　跨石太铁路特大桥

2. 阳石小东川特大桥(图 3 - 5)

阳石小东川特大桥位于山西省吕梁市阳石村附近,主要为跨小东川河而设,桥梁中心里程 K1110.9244,全桥长 879.44 m,小东川河为季节性山区河流,桥位处无堤防,河谷宽、深约 600 余米,两侧山坡较陡。线路与向阳河斜交,法向角 30°。设计流量为 2 440.50 m^3/s,相应水位 1 031.55 m,流速 9.24 m/s,冲刷系数 1.05。本桥跨越深宽峡谷,桥高大部分在 70 m 以上,为此全桥孔跨布置采用(1 - 32 m)简支 T 梁 + (12 - 56 m)简支箱梁 + (2 - 32 m)简支 T 梁,避免了设置钢轨温度调节器。本桥采用双线圆端形实体墩及圆端形空心墩;双线 T 形桥台;钻孔桩、明挖及挖井基础;简支箱梁采用移动模架造桥机施工,简支 T 梁采用预制架设法施工。

图 3 - 5　阳石小东川特大桥(高墩)

3. 柳林三川河特大桥(图 3 - 6)

柳林三川河特大桥位于山西省吕梁市柳林南至吴堡之间,主要为跨三川河而设,桥梁中心里程 K1156.7287,全桥长 3 589 m,共 105 跨,基础形式有桩基础、扩大基础、挖井等,桥墩为双线圆端形实体桥墩,最高墩约 30 m,上部结构有三处现浇连续梁,跨度分别为(75 + 120 + 75) m、2 × (32 + 48 + 32) m。连续箱梁采用悬臂浇筑法施工,简支梁采用预制架设法施工。

图3－6　柳林三川河特大桥

4. 吴堡黄河特大桥(图3－7)

(a)大桥全貌

(b)连续梁结构段

图3－7　吴堡黄河特大桥

吴堡黄河特大桥位于陕西省吴堡县县城附近，线路与黄河基本正交。桥梁中心里程K1170.6770，全长859.400 m桥址处河床宽约300 m，水深2～3 m，两岸山坡陡峻。设计流量为7 250 m^3/s，设计水位为1 189.15 m，设计流速为3.03 m/s；全桥孔跨布置采用(1－32 m)简支梁＋(70＋4×120＋70)m刚构连续梁＋(6－32 m)简支梁。刚构连续梁的主梁采用单箱单室变高度变截面箱梁结构，支点处梁高8 m，跨中和边跨端部梁高4 m。梁体下缘除中支点处8 m、中跨中部20 m和边跨端部20.75 m梁段为等高直线段外，其余按二次抛物线变化。箱梁顶板宽11.7 m，底板宽6.7 m。除梁端附近区段外，顶板厚度为50 cm，底板厚度从40 cm按直线变化至90 cm，腹板厚度从40 cm按折线变化至70 cm。刚壁墩采用空心墩，纵向尺寸8 m，壁厚1.1 m，横向采用变宽设计，从7.5 m变宽为15.5 m，壁厚1.3 m，截面形状从矩形变为圆端形。

第四章　隧道、涵渠

第一节　隧　道

一、主要特点

太中银铁路太原局管段共有正线隧道 69 座，总延长米为 93 615. 83 m。其中：无砟轨道长大隧道 4 座，分别为吕梁山隧道（左线 20 785 m，右线 20 772 m），柳林双线隧道 7 635. 5 m，离石双线隧道 10 236 m。隧道围岩类别为Ⅱ ~Ⅴ级，主要为黄土隧道和石质隧道两种。隧道结构设计使用寿命 100 年。开挖面积较大，本线隧道贯彻“早进晚出”的原则，进、出口位置结合边仰坡情况及地质条件综合确定，为做好洞口的环境保护，尽量减少了对边仰坡的开挖。隧道洞门采用无端墙斜截式、喇叭式、帽檐式、翼墙式及台阶式等洞门形式。隧道拱墙初期支护和二次衬砌之间设置 HDPE 排水防水系统。

（一）建筑限界

建筑限界采用《新建时速 200 公里客货共线铁路设计暂行规定》（铁建设函[2005]285 号）中“时速 200 km 客货共线铁路桥隧建筑限界（KH－200）”，并暂按满足《200 km/h 客货共线铁路双层集装箱运输建筑限界（暂行）》（铁科技函[2004]157 号）中要求的建筑限界设计。单线隧道轨顶面以上净空横断面积不小于 50 m^2，双线隧道轨顶面以上净空横断面积不小于 80 m^2。在对空气动力学效应进行分析的基础上，综合考虑双箱建筑限界、隧道内设备、维修、救援空间、接触网安装及整体道床铺设等要求，并从围岩稳定、结构受力及空间利用等角度出发，本着安全可靠、经济合理的原则，单侧设置救援通道单线隧道内轮廓，内轨顶面以上净空横断面积为 53. 15 m^2。双侧设置救援通道双线隧道内轮廓，内轨顶面以上净空横断面积为 87. 43 m^2。

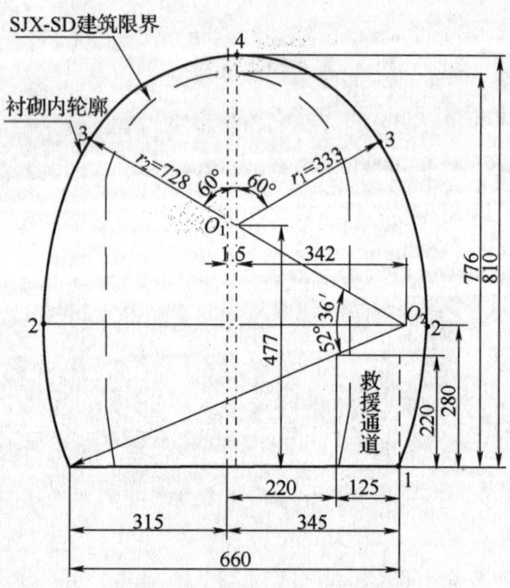

图 4－1　单线隧道内轮廓（单位：cm）

单线隧道内轮廓图如图 4－1 所示，双线隧道内轮廓如图 4－2 所示。

（二）衬砌支护类型

本线单、双线隧道均采用复合式衬砌。Ⅱ级围岩段采用不带仰拱的曲墙式衬砌，底板厚度按 30 cm 设计，并进行适当配筋，其他隧道段均采用带仰拱的曲墙式衬砌，根据本线隧道的工程地质特点，考虑衬砌结构的耐久性，Ⅴ级和Ⅴ级加强段隧道的衬砌结构进行了适当配筋。

（三）防水及排水

1. 防排水设计原则

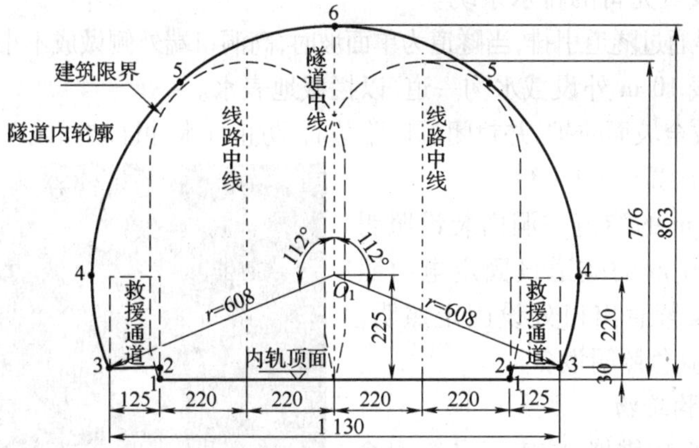

图4－2　双线隧道内轮廓(单位:cm)

隧道防排水采取“防、排、截、堵结合,因地制宜,综合治理”的原则。对于隧道穿过持水层、断裂破碎带,预计地下水较大,当采用以排为主而影响生态环境时,根据实际情况采用“以堵为主,限量排放”的原则,达到堵水有效、防水可靠、经济合理的目的。在裂隙水较发育地段,采用超前帷幕注浆、径向注浆、超前管棚注浆等措施。将大面积淋水或局部股流封堵,减少水土流失。

2. 洞内防排水设计

(1)隧道防水等级为一级。

(2)二次衬砌采用防水混凝土,抗渗等级不低于P8。

(3)断层破碎带及影响带和裂隙水发育的富水地段,采用超前帷幕注浆、径向注浆、超前管棚注浆、超前小导管注浆等措施。

(4)单线隧道内设双侧水沟排水,双线隧道内采用双侧水沟及中心暗管排水。

(5)隧道拱墙初期支护和二次衬砌之间设置HDPE排水防水系统,HDPE排水防水系统由聚酯无纺布及HDPE排水防水板共同组成,聚酯无纺布为350 g/ m^2,HDPE排水防水板表面带凸形圆粒,形成排水空间。具体参数见表4－1。

表4－1　防水板技术参数表

项目	幅宽(m)	厚度(mm)	质量(g/m^2)	板材成型厚度(mm)	抗拉强度〔N/(5 cm)〕	抗压负荷(kPa)	断裂延伸率(%)	通透空间(L/m^2)
指标	2	1.0	≥1 000	8	≥400	≥350	≥40	5.40

(6)边墙墙脚纵向设 ϕ80 mm软式透水管,设在HDPE排水防水板外侧,同时,每隔5～10 m设边墙泻水管将水排至洞内侧沟。

(7)二次衬砌施工缝每12 m一道(或与衬砌模板台车衬砌段长一致),施工缝防水采用膨润土止水条和背贴式止水带两道防水措施;变形缝在地层承载力显著变化、断面明显变化处设置,采用背贴式橡胶止水带加中埋式橡胶止水带两道防水措施。变形缝防水选用的嵌缝材料,要求最大拉伸强度不小于0.2 MPa,最大伸长率应大于300%,且拉、压循环性能为80 ℃时拉伸－压缩率不小于±20%。

(8)本线隧道最冷月平均气温在－5 ℃～－10 ℃之间,隧道两侧均设置双层水沟,隧道进出口段设置双层保温水沟,在双层盖板之间填充保温材料,长度为400 m。

3. 洞外防排水设计

(1)洞口工程设置完备的排水系统。

(2)洞外水不得通过隧道引排,当隧道为单面坡时,高洞口端外侧做成不小于2‰的反坡排水。

(3)洞顶刷坡线 10 m 外设截水沟一道,以拦截地表水。

(4)洞口边仰坡全坡面防护,并封闭洞口路基面,防止雨水冲蚀坡面或下渗引起黄土湿陷。

(四)隧道照明设置(图 4-3)

长度 $L<1\,000$ m 的隧道在洞内装设照明插座;长度 $L\geqslant1\,000$ m 的隧道设固定电力照明;紧急呼叫电话及紧急出口处设固定照明,紧急出口通道内设应急照明设备。

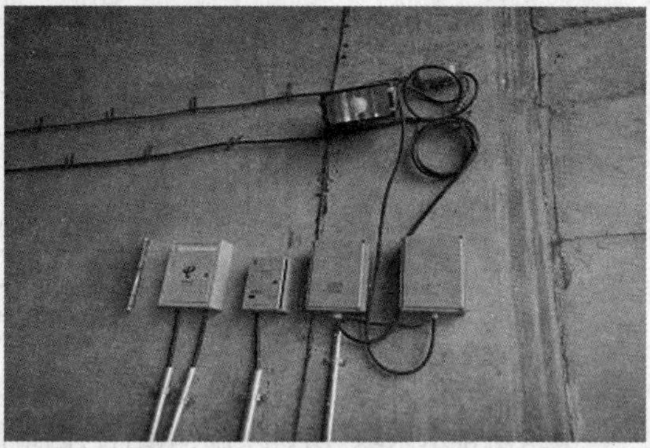

图 4-3 隧道照明设备

(五)洞内附属构筑物

在隧道内设置存放维修、防灾工具等用途的专用洞室,洞室的间距采用单侧 500 m 交错设置,洞室尺寸为600 cm(长)×400 cm(宽)×280 cm(高)。双线隧道每侧设一个电缆槽,左侧通信、信号电缆槽尺寸为35 cm(宽)×40 cm(高),右侧电力电缆槽尺寸为 35 cm(宽)×40 cm(高);单线隧道两侧共有 2 个电缆槽,行车方向左侧设 1 个电力电缆槽,尺寸为 20 cm(宽)×30 cm(高),行车方向右侧设通信信号电缆槽尺寸为 35 cm(宽)×40 cm(高)。

二、长大隧道简介

1. 吕梁山隧道(图 4-4)

吕梁山隧道位于山西省吕梁市吴城镇与汾阳市的交界处,横穿吕梁山脉,是太中银铁路最长的隧道,隧道设计为两座单线隧道,左线(下行)隧道起迄里程为 K1069.623~K1090.408,全长 20 785 m;右线(上行)隧道起迄里程为右 K1069.621~K1090.393,全长20 772 m。进口处线间距 26 m,出口处线间距 30 m。隧道进口位于汾阳市栗家庄上林舍村东西北侧,出口位于吴城镇西北侧,采用新奥法原理。

图 4-4 吕梁山隧道出口

2. 柳林隧道(图4－5)

柳林隧道位于山西省柳林县境内,隧道进口位于穆村镇西侧的冲沟内,冲沟内地势较宽阔;隧道出口位于军渡镇后的山坡上,地势很陡,自然坡度约50°～60°,植被较少。隧道从李家沟水库下穿过,通过区深部存在煤系地层,进口里程为K1162.6219,出口里程为K1170.2574,中心里程为K1166.4397,隧道全长7 635.5 m,两线间距4.4 m,隧道最大埋深约为249.8 m,采用新奥法原理施工,隧道为双线隧道。

图4－5　柳林隧道出口

3. 离石隧道(图4－6)

离石隧道位于山西省吕梁地区离石市境内,隧道进口位于下楼桥村北侧的冲沟内,沟内地势狭窄,冲沟自然坡度较陡,约为70°～80°,表覆黄土,冲沟内不见基岩;隧道出口位于离石区双雾都村和西属巴村之间,隧道出口为黄土垣,自然山坡较缓,地表为耕种旱田。隧道进口里程K1113.8799,出口里程K1124.1159,中心里程为K1118.9979,隧道全长10 236 m。隧道进口位于直线上,出口位于半径为2 800 m曲线上,隧道内顺里程方向为11.0‰、10.5‰的下坡,隧道最大埋深342.4 m,隧道为双线隧道。

(a)离石隧道进口

(b)离石隧道出口

图 4－6 离石隧道

第二节 涵 渠

太中银铁路太原铁路局管段共有涵渠 221 座(7 757. 64 m),分为盖板箱涵和框构涵。

1. 盖板箱涵(图 4－7)

图 4－7 盖板箱涵

(1)盖板:C30 钢筋混凝土。

(2)边墙、端墙、翼墙:C20 混凝土。

(3)基础:采用混凝土时不低于 C20,采用钢筋混凝土时不低于 C25。

2. 框构涵(排水涵和交通涵)(图 4－8、图 4－9)

(1)涵身:C30 钢筋混凝土。

(2)端墙、翼墙:C20 混凝土。

(3)基础:采用混凝土时不低于 C20,采用钢筋混凝土时不低于 C25。

图 4－8　排水涵

图 4－9　交通涵

第五章　轨　　道

第一节　轨 道 结 构

太中银线路铺设两种轨道结构，一种为普通双块式无砟轨道结构，一种为有砟轨道结构，正线一次铺设跨区间无缝线路。

一、无砟轨道结构

1. 无砟轨道具体分布地点（表 5－1）

表 5－1　铺设无砟轨道地段表

地　　段	起　　点	终　　点	长度（m）	轨道类型
吕梁山隧道（左线）	K1069. 623	K1090. 408	20 785	双块式
吕梁山隧道（右线）	K1069. 621	K1090. 393	20 772	双块式
离石隧道（双线）	K1113. 8799	K1124. 1159	10 236	双块式
柳林隧道（双线）	K1162. 6219	K1170. 2574	7 635. 5	双块式

2. 普通双块式无砟轨道结构形式

普通双块式无砟轨道与有砟轨道相比，无砟轨道具有线路平顺性高、刚度均匀性好、轨道几何形位能持久保持、维修工作量可显著减少等突出优点。

(1)结构组成（图 5－1）

图 5－1　双块式无砟轨道结构组成

双块式无砟轨道由钢轨、扣件、双块式轨枕、道床板等组成，道床板设置在隧道仰拱混凝土回填层上面，设计横断面见图 5－2。轨道结构高度，即从轨顶至道床板底面距离为 566 mm，不含隧道底混凝土回填层 300 mm。

① 双块式无砟轨道系统由钢轨、弹性扣件、带有桁架钢筋的双块式轨枕、现浇混凝土道床

板、支承层或底座等组成。

② 钢轨：钢轨采用60 kg/m U75V，100 m定长，全长淬火长钢轨。

③ 扣件：无砟轨道为整体结构，弹性和道床可调性较差，因此无砟轨道扣件除了要求具有足够的扣压力、保持轨距的能力、少维修等特点外，还必须具有良好的弹性以及较大的轨距、高低调整量。另外，为防止"电泄漏"现象，要求扣件应具有很好的绝缘性。双块式无砟轨道采用8型扣件。

④ 双块式轨枕：双块式轨枕为预制结构，轨枕采用C40混凝土，双支承块间钢筋网采用ϕ20和ϕ12螺纹钢筋，钢筋间采用绝缘套管绝缘。

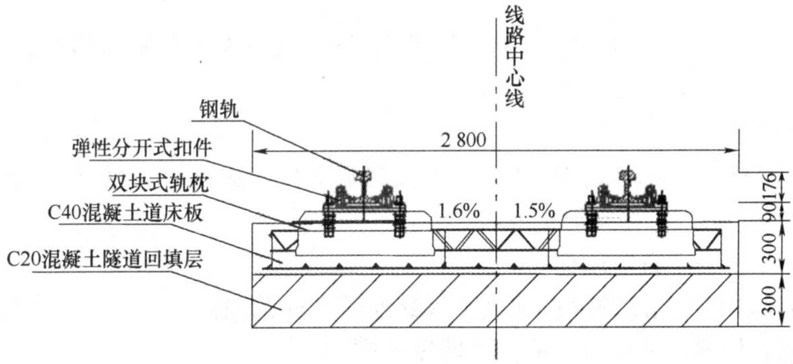

图5-2　设计横断面（单位：mm）

⑤ 道床板：轨道板采用C40钢筋混凝土现场浇筑而成，长6 230 mm，宽2 800 mm，厚300 mm。隧道内道床板直接构筑于隧道回填层上，离石隧道洞口有2~3块长4 980 mm道床板。扣件节点间距625 mm，相邻道床板板缝宽为20 mm，用沥青木板填充。道床板下层纵向配置14根ϕ16Ⅱ级热轧钢筋，横向配置间距200 mm的ϕ16Ⅱ级热轧钢筋。道床板上层纵向配置4根ϕ16Ⅱ级热轧钢筋，横向配置间距625 mm的ϕ16Ⅱ级热轧钢筋。为避免轨道板中的钢筋网与轨道电路产生磁感应，板内上层钢筋网纵横向钢筋间采用绝缘套管绝缘。在道床板与隧道侧沟边墙间用C20混凝土填充，并在板和填充混凝土之间设10 mm厚橡胶板。

（2）线路外轨超高设置

由于无砟轨道超高不容易调整，因此超高设置须兼顾近、远期最高、最低列车运行速度，并同时满足允许欠超高、过超高限值要求。隧道内双块式无砟轨道曲线外轨超高在道床板上设置，在缓和曲线范围内过渡。

实设超高取5 mm的整倍数，最大超高为150 mm，允许过超高按60 mm，允许欠超高按90 mm进行控制，曲线超高计算及实设超高见表5-2。

表5-2　无砟轨道曲线超高计算及实设超高表

曲线半径（m）	平衡超高（mm）				实设超高（mm）	过超高（mm）	欠超高（mm）
	80 km/h	120 km/h	160 km/h	200 km/h			
2 800	27	61	108	169	80	53	89
3 500	22	49	86	135	65	43	70
4 000	19	42	76	118	55	36	63
4 500	17	38	67	105	50	33	55
5 000	15	34	60	94	45	30	49
6 000	13	28	50	79	40	27	39
7 000	11	24	43	67	35	24	32

(3)过渡段设计

双块式无砟轨道与有砟轨道的过渡段范围按 20 m 考虑,该段范围铺设有砟轨道,过渡段内道砟厚度由 210 mm 逐渐过渡到 300 mm,道床下设置 C20 钢筋混凝土基础板,板厚 210 ~ 300 mm。过渡段范围,在两股基本轨之间,设置两根 25 m 长 60 kg/m 钢轨作辅助轨,其中辅助轨在无砟轨道范围 5 m,有砟轨道范围 20 m。辅助轨与基本轨中心距为 520 mm。在辅助轨范围内有砟轨道采用长度为 2.6 m 过渡段轨枕及配套弹性分开式 7 型扣件。

二、有砟轨道结构

有砟轨道是由钢轨、扣件、轨枕、道床等组成,正线轨道为重型轨道标准,一次铺设跨区间无缝线路。

1. 钢轨及配件

(1)钢轨:铺设 60 kg/mU71Mn、U71Mnk、U75V 全长淬火钢轨。另外,下列位置不应有钢轨接头,如不可避免时,应将其焊接或胶结:

① 明桥面小桥的全桥范围内。

② 桥梁端部、拱桥温度伸缩缝和拱顶等处前后 2 m 范围内。

③ 设有钢轨伸缩调节器钢梁的温度跨度范围内。

(2)配件:钢轨接头采用 60 kg/m 钢轨接头夹板,10.9 级高强度接头螺栓和 10 级高强度螺母及高强度平垫圈。

(3)绝缘接头采用胶接绝缘接头,其钢轨与两端线路钢轨同轨型、同钢种,并满足《胶接绝缘钢轨技术条件》(TB/T 2975)的规定。

2. 轨枕、扣件及每公里铺设根数

(1)轨枕及每公里铺设根数

① 轨枕采用Ⅲ型有挡肩钢筋混凝土轨枕,长度 2.6 m,减振降噪要求较高的桥梁地段采用 2.6 m 长无挡肩或有挡肩弹性轨枕;每公里铺设标准 1 667 根/km;道岔区应根据道岔的类型优先选用配套的混凝土岔枕。

② 轨道电路专用枕的铺设

轨道电路铺设Ⅲ型有挡肩混凝土枕线路采用Ⅲa 型电容枕和Ⅲa 型电气绝缘节专用枕,每一补偿电容处根据信号专业要求采用 1 根电容枕,每一电气绝缘节处采用 3 根电气绝缘节专用枕。

(2)扣件

扣件采用弹条Ⅱ型扣件,轨下垫板(厚度为 10 mm)采用静刚度为 60 ~ 80 kN/mm 的胶垫,轨下橡胶垫板型号采用 60 - 10 - 17;道岔前后各 50 根轨枕范围内铺设Ⅲ型有挡肩钢筋混凝土枕,长度 2.6 m,弹条Ⅱ型扣件。

3. 碎石道床及铺设厚度

道砟采用Ⅰ级碎石道砟。材料应符合国家现行标准《铁路碎石道砟》(TB/T 2140)和《铁路碎石道床底砟》(TB/T 2897)的规定。

道床采用单层道床,级配碎石基床表层道床厚度为 30 cm,硬质岩石路堑地段道床厚度为 35 cm;单线道床顶面宽度 3.4 m,砟肩堆高 0.15 m,道床边坡 1∶1.75,双线道床顶面宽度应分别按单线设计。

铺设Ⅲ型轨枕地段道床顶面高度与轨枕中部顶面平齐。岔枕、桥枕等其他轨枕地段道床顶面低于轨枕承轨面 3 cm。

桥梁道砟槽内碎石道床厚度不小于35 cm,桥梁与两端线路轨道的道床厚度应在桥台外30 m范围内顺坡,桥上道床砟肩至挡砟墙间以道砟填平;隧道内道床厚度为35cm,隧道内道床砟肩至边墙间以道砟填平。

4. 轨道高度

太中线轨道标准为重型(60 kg/m),160 km/h速度单线轨道高度为0.84 m,160 km/h速度双线轨道高度为0.89 m。

第二节 扣 件

太中银线路扣件的种类有三种:(1)WJ-7型扣件,用于普通双块式无砟轨道和有砟轨道过渡段;(2)WJ-8型扣件,用于普通双块式无砟轨道;(3)普通Ⅱ型弹条扣件,用于普通有砟轨道。

一、WJ-7型扣件

WJ-7型扣件(图5-3、图5-4)由T形螺栓、螺母、平垫圈、弹条、绝缘块、铁垫板、轨下垫板、绝缘缓冲垫板、重型弹簧垫圈、平垫块、锚固螺栓和预埋套管组成,此外为了钢轨调高的需要,还包括轨下调高垫板和铁垫板下调高垫板。WJ-7型扣件通过移动带有长圆孔的铁垫板来实现轨距调整,为连续无级调整。调整方便,无需备件。

图5-3 WJ-7型扣件

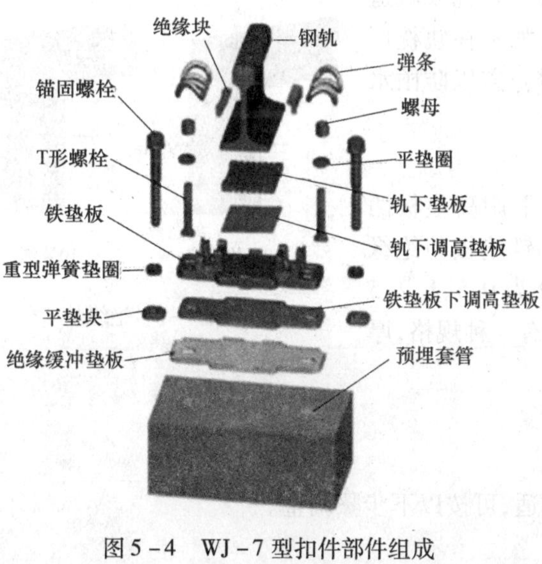

图5-4 WJ-7型扣件部件组成

图5-5 W1型弹条

1. WJ－7 型扣件部件组成及说明

(1)弹条和轨下垫板

弹条分两种,即一般地段使用的 W1 型和桥上可能使用的 X2 型,W1 型弹条(图 5－5)的直径为 14 mm,X2 型弹条(图 5－6)的直径为 13 mm。轨下垫板分 A、B 两类,A 类用于兼顾货运的客运专线,B 类用于无货运的客运专线,每一类又分一般地段使用的橡胶垫板(图 5－7)和桥上可能使用的复合垫板(图 5－8)两种。桥上需要降低线路阻力时,可采用 X2 型弹条并配用复合垫板。此时单组扣件的钢轨纵向阻力为 4 kN。

图 5－6　X2 型弹条

图 5－7　橡胶垫板

图 5－8　复合垫板

(2)绝缘块

绝缘块分 9 号和 10 号两种(图 5－9),正常安装时采用 9 号绝缘块,当绝缘块与铁垫板挡肩的缝隙大于 1 mm 时更换为 10 号绝缘块。

(3)绝缘缓冲垫板

绝缘缓冲垫板分 2 mm 和 6 mm 两种厚度,正常安装时采用 6 mm 厚垫板,钢轨高低位置负调整时采用 2 mm厚垫板。

(4)预埋套管

该部件预先埋设于轨枕或轨道板中,埋设精度应满足图 5－10 的要求,且预埋套管顶面应低于轨枕或轨道板承轨面 0～0.5 mm。预埋套管埋设后,如不在轨枕厂进行扣件预组装,应加盖塑料(或其他材料)盖以防雨水和泥污进入。

(5)调高垫板(图 5－11)

调高垫板分轨下调高垫板和铁垫板下调高垫板两种,分别放置于轨下垫板与铁垫板之间和铁垫板与绝缘缓冲垫板之间。轨下调高垫板按厚度分为 0.5、1、2、5 和 8 mm 五种规格;铁垫板下调高垫板只有一种规格,厚度为 8 mm。

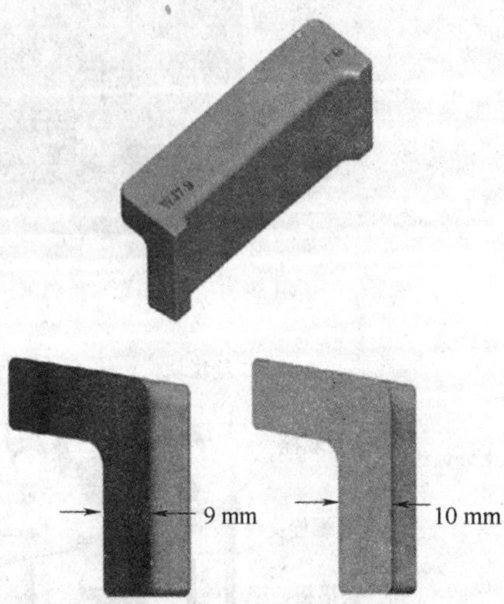

9号绝缘块　　10号绝缘块

图 5－9　绝缘块

2. 调整

(1)调整轨距和轨向

检查轨距和轨向(图 5－12),如有不适,可按以下步骤调整。

① 松开锚固螺栓(图 5－13)。

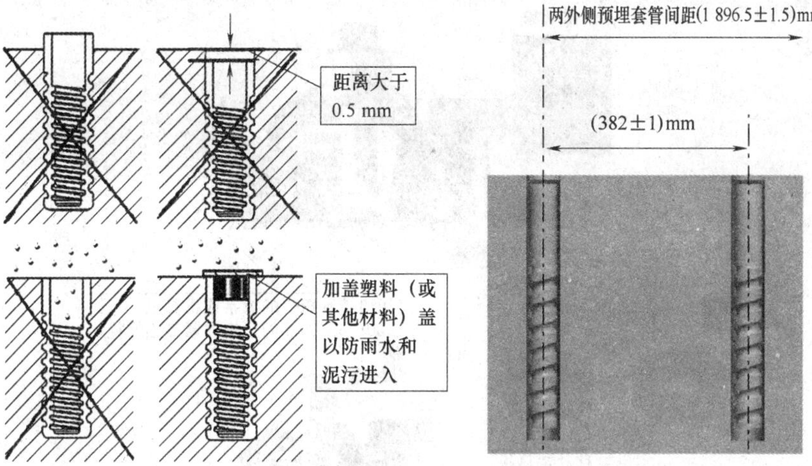

图 5－10　预埋套管

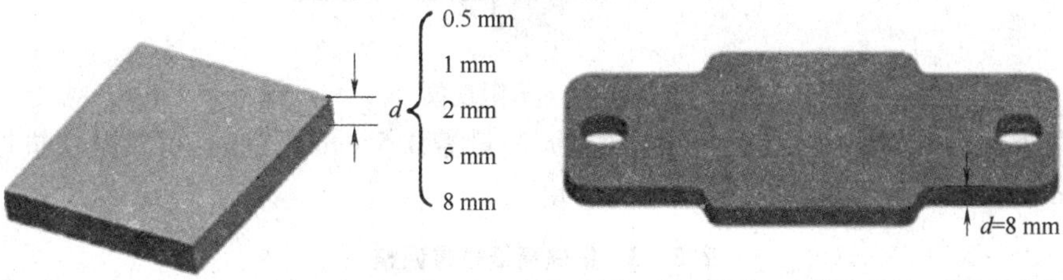

图 5－11　调高垫板

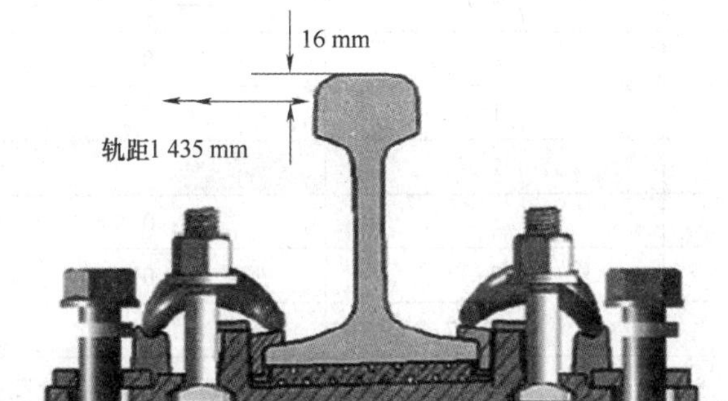

图 5－12　检查轨距和轨向

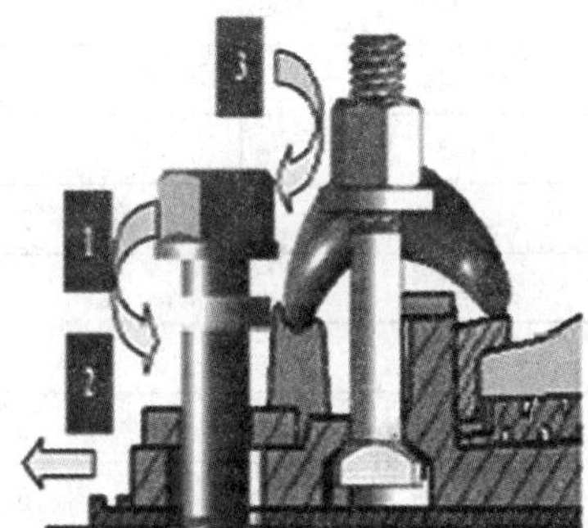

图 5－13　松开锚固螺栓

② 用改道器卡住钢轨横向挪动铁垫板予以调整，使轨距和轨向合适。

③ 用可控制扭矩扳手或机具以 300～350 N·m 的扭矩拧紧锚固螺栓。

(2)调整钢轨高低

特别提示：当铁垫板横向移动受到平垫块卡阻时应将平垫块调头使用(图 5－14)。

钢轨高低位置调整量为－4～＋26 mm，可按表 5－3 选用所需要厚度的绝缘缓冲垫板和调高垫板进行调整。

① 采用轨下调高垫板进行调整时(图 5－15)，应先松开弹条，取出绝缘块，提升钢轨，在轨下垫板间垫入所需厚度的轨下调高垫板，钢轨落下后再用可控制扭矩的扳手或机具拧紧螺母，使弹条安装到位，轨下调高垫板总厚度不得超过 10 mm，数量不得超过 2 块，并应把最薄的

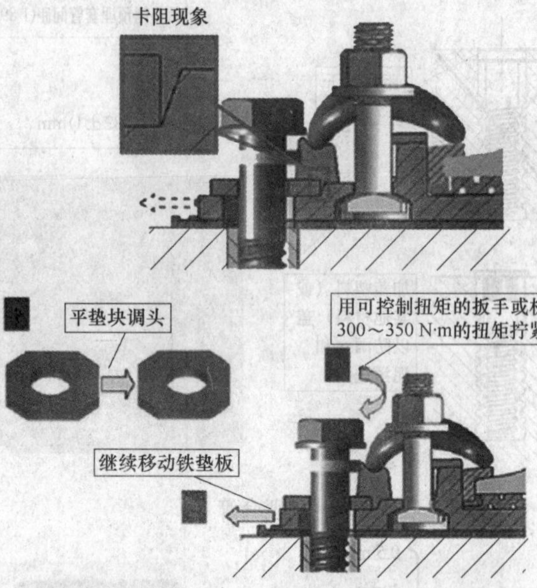

图 5-14　卡阻现象

垫板放置在下面，以防轨下调高垫板窜出（当调高量需 0.5 mm 级别时，可紧贴铁垫板承轨面加垫 0.5 mm 厚的轨下调高垫板，数量可为 3 块）。

表 5-3　钢轨高低位置调整

轨高低位置调整量（mm）	绝缘缓冲垫板厚度（mm）	轨下调高垫板厚度（mm）	铁垫板下调高垫板厚度（mm）
-4	2	0	0
-3	2	1	0
-2	2	2	0
-1	2	3	0
0	6	0	0
+1 ~ +7	6	+1 ~ +7	0
+8	6	0	8
+9 ~ +15	6	+1 ~ +7	8
+16	6	0	2×8
+17 ~ +26	6	+1 ~ +10	2×8

注：当调高量需 0.5 mm 级别时，可紧贴铁垫板承轨面加垫 0.5 mm 厚的轨下垫板。

② 采用铁垫板下调高垫板进行调整时（图 5-16），应先卸下锚固螺栓，提升钢轨在铁垫板和绝缘缓冲垫板之间垫入需要厚度的铁垫板下调高垫板，钢轨复位后检查轨向和轨距，必要时进行调整，确认合适后用可控制扭矩扳手或机具以 300 ~ 350 N · m 的扭矩拧紧锚固螺栓。铁垫板下调高垫板，总厚度不得超过 16 mm，数量不得超过 2 块。

特别提示：当调整需卸下锚固螺栓时，应避免泥污进入预埋套管。

二、WJ-8C 型扣件

1. WJ-8C 型扣件部件组成及说明（图 5-17）

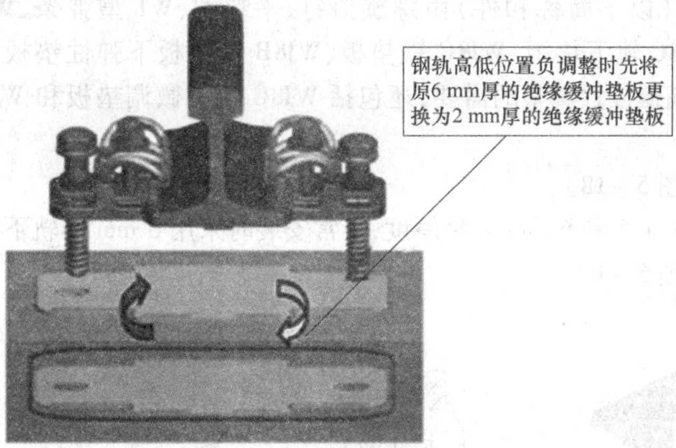

图 5－15 轨下调高垫板调整

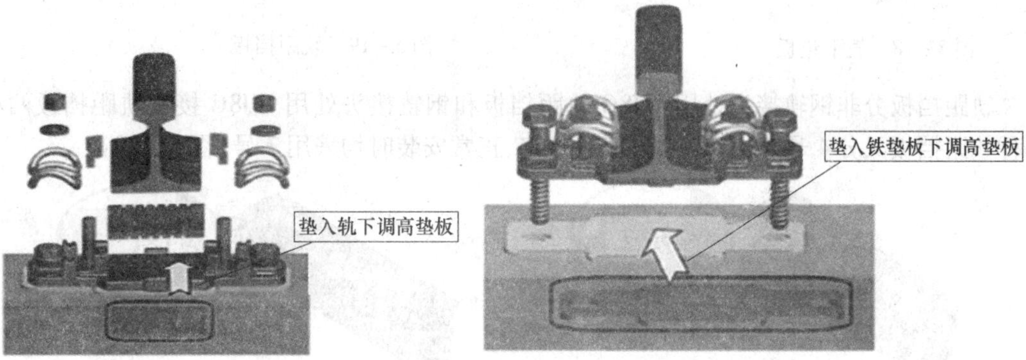

图 5－16 铁垫板下调高垫板调整

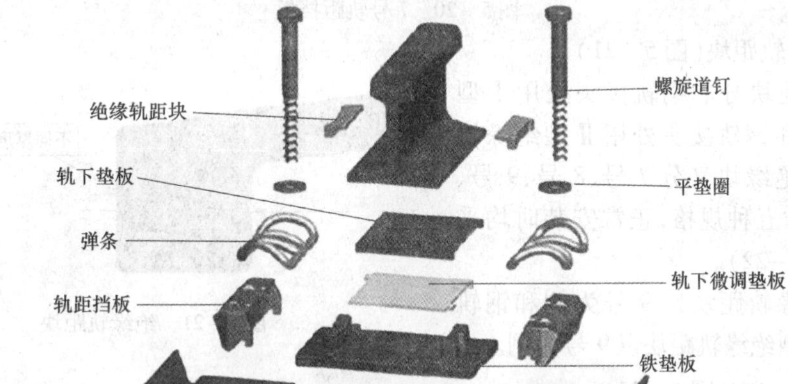

图 5－17 WJ－8C 型扣件部件组成

WJ－8C 型扣件（以下简称扣件）由螺旋道钉、平垫圈、W1 型弹条、WJ8C 绝缘轨距块，WJ8C 轨距挡板、WJ8C 轨下垫板、WJ8C 铁垫板、WJ8B 铁垫板下弹性垫板和预埋套管 D1 组成。此外为了钢轨高低位置调整的需要，还包括 WJ8C 轨下微调垫板和 WJ8C 铁垫板下调高垫板。

（1）轨下垫板（图 5－18）

轨下垫板分 2、3、4、5 和 6 mm 五种厚度，正常安装时采用 6 mm 厚轨下垫板。

（2）轨距挡板（图 5－19）

图 5－18　轨下垫板

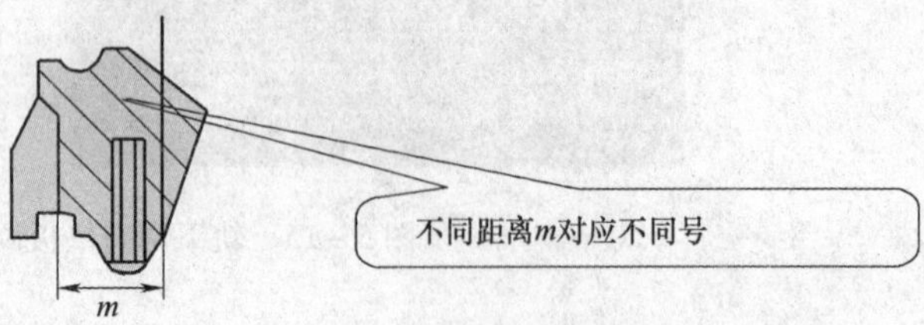

图 5－19　轨距挡板

轨距挡板分非钢轨接头处用 WJ8C 轨距挡板和钢轨接头处用 WJ8C 接头轨距挡板两种。每种轨距挡板又分 4 号、7 号和 10 号三种规格，正常安装时均采用 7 号（图 5－20）。

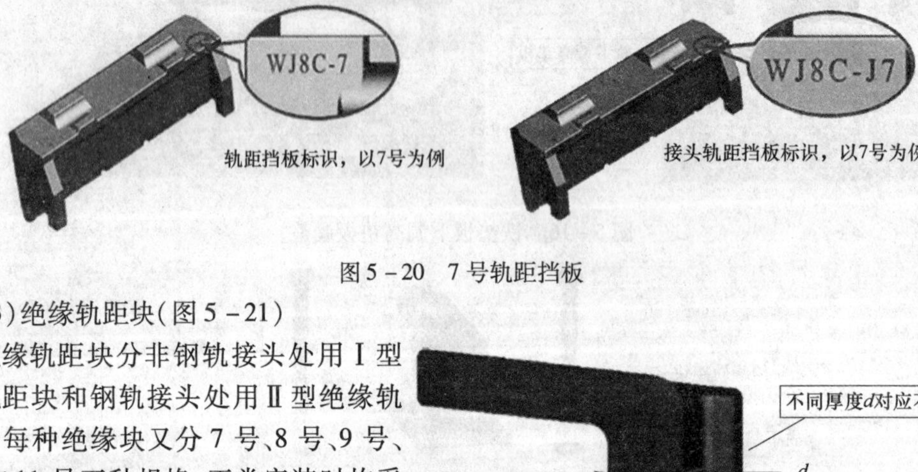

图 5－20　7 号轨距挡板

（3）绝缘轨距块（图 5－21）

绝缘轨距块分非钢轨接头处用Ⅰ型绝缘轨距块和钢轨接头处用Ⅱ型绝缘轨距块。每种绝缘块又分 7 号、8 号、9 号、10 号和 11 号五种规格，正常安装时均采用 9 号（图 5－22）。

Ⅰ型绝缘轨距块以 9 号为例和钢轨接头处用Ⅱ型绝缘轨距块以 9 号为例。

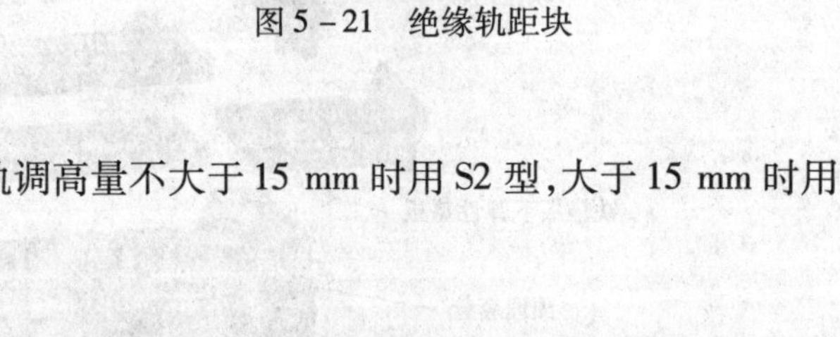

图 5－21　绝缘轨距块

（4）螺旋道钉（图 5－23）

螺旋道钉分 S2 型和 S3 型两种，在钢轨调高量不大于 15 mm 时用 S2 型，大于 15 mm 时用 S3 型。

（5）预埋套管

该部件预先埋设于轨道板中，埋设精度应满足要求，且预埋套管顶面应低于轨道板承轨面 0～2 mm。预埋套管埋设后，如不在厂内进行扣件预安装，则应盖上塑料（或其他材料）盖，以防雨水和泥污进入。

（6）调高垫板（图 5－25）

调高垫板分轨下微调垫板和铁垫板下调高垫板两种，分别放置于轨下垫板与铁垫板之间和铁垫板下弹性垫板与轨道承轨面之间。轨下微调垫板按厚度分为1、2、5 mm三种规格；铁垫板下调高垫板按厚度分为10 mm和20 mm两种规格。铁垫板下调高垫板由两片组成，应成副使用。

2. 调整

(1)轨距和轨向调整

① 根据设计要求，单股钢轨左右位置调整量为±5 mm，轨距调整范围为±10 mm。

② 单股钢轨左右位置调整量为±2 mm以内时，调换不同规格的绝缘轨距块，具体配置见表5－4。

③ 单股钢轨左右位置调整大于±2 mm时，调换不同规格的绝缘轨距块和轨距挡板，具体配置见表5－5。

(2)钢轨高低位置调整

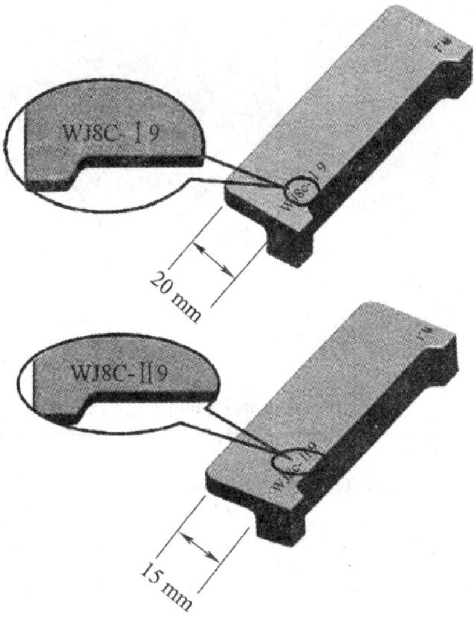

图5－22　9号绝缘轨距块

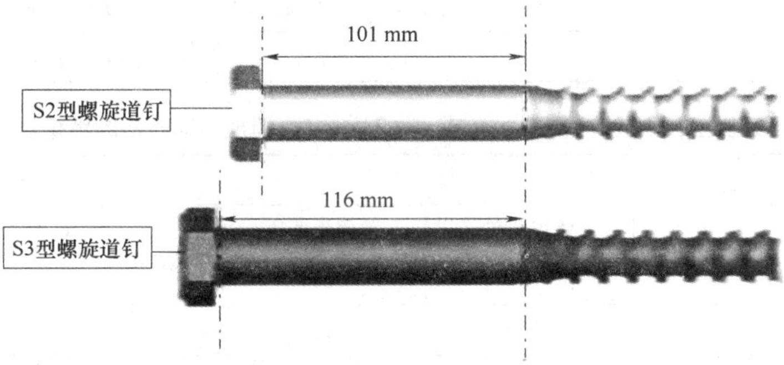

图5－23　螺旋道钉

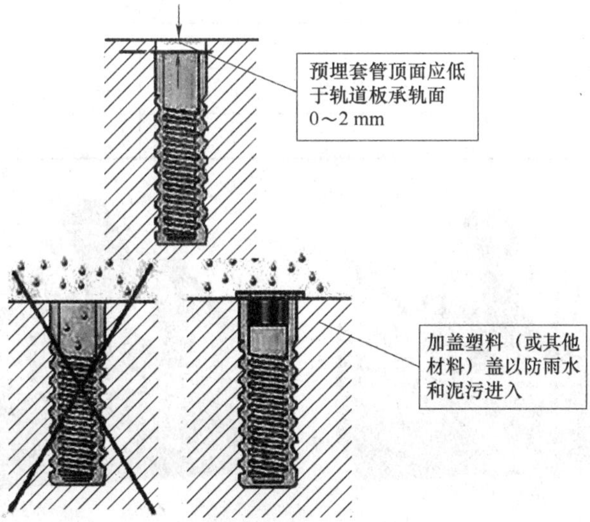

图5－24　预埋套管

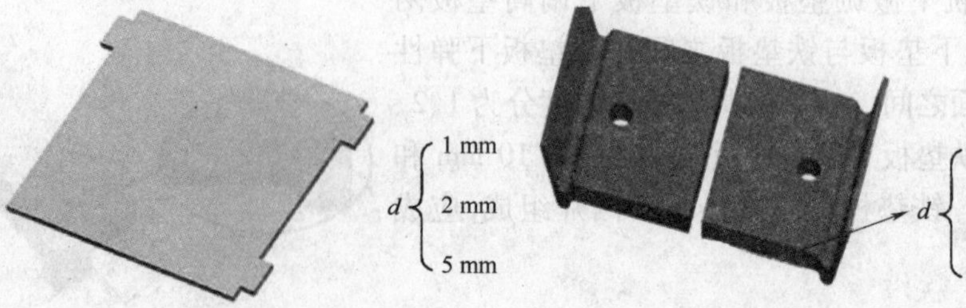

图 5－25　调高垫板

表 5－4　单股钢轨左右位置调整量为 ±2 mm 时，调换不同规格的绝缘轨距块和轨距挡板

单股钢轨调整量(mm)	钢轨外侧		钢轨内侧	
	轨距挡板	绝缘轨距块	绝缘轨距块	轨距挡板
－2	7	11	7	7
－1	7	10	8	7
0	7	9	9	7
＋1	7	8	10	7
＋2	7	7	11	7

表 5－5　单股钢轨左右位置调整 >2 mm 或 < －2 mm 时，调换不同规格的绝缘轨距和轨距挡板

单股钢轨调整量(mm)	钢轨外侧		钢轨内侧	
	轨距挡板	绝缘轨距块	绝缘轨距块	轨距挡板
－5	10	11	7	4
－4	10	10	8	4
－3	10	9	9	4
0	7	9	9	7
＋3	4	9	9	10
＋4	4	8	10	10
＋5	4	7	11	10

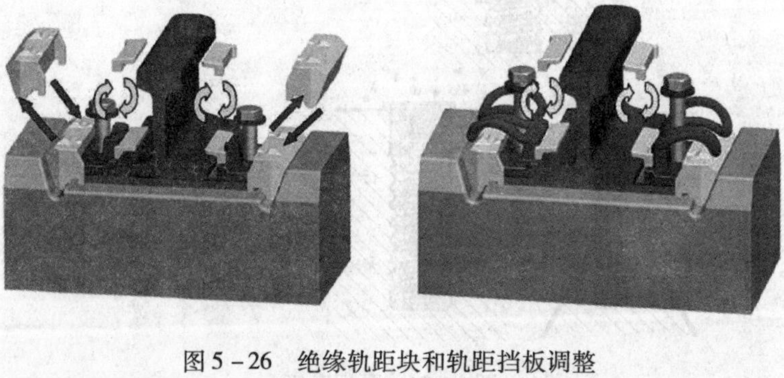

图 5－26　绝缘轨距块和轨距挡板调整

① 根据设计要求，高低位置调整量为 －4 ~ ＋26 mm。

② 通过更换轨下垫板(图 5－27)、在轨下垫板与铁垫板间垫入微调垫板和铁垫板下弹性

垫板与轨道板承轨面间垫入铁垫板下调高垫板实现钢轨高低位置调整。

通过更换不同规格的轨下垫板实现 -4 ~0 mm 调整，具体配置见表 5 -6。

表 5 -6　高低位置调整量为 -4 ~0 mm 时，具体配置

钢轨高低调整量（mm）	轨下垫板厚度（mm）	轨下微调垫板总厚度（mm）	铁垫板下调高垫板厚度（mm）
-4	2	0	0
-3	3	0	0
-2	4	0	0
-1	5	0	0
0	6	0	0

通过更换轨下垫板、垫入轨下微调垫板和铁垫板下调高垫板实现 0 ~26 mm 调整，具体配置见表 5 -7。

表 5 -7　高低位置调整量为 0 ~26 mm 时，具体配置

钢轨高低调整（mm）	轨下垫板厚度（mm）	轨下微调垫板总厚度（mm）	铁垫板下调高垫板厚度（mm）
0	6	0	0
+1 ~ +6	6	1 ~6	0
+7	3	0	10
+8	4	0	10
+9	5	0	10
+10	6	0	10
+11 ~ +16	6	1 ~6	10
+17	3	0	20
+18	4	0	20
+19	5	0	20
+20	6	0	20
+21 ~ +26	6	1 ~6	20

③ 轨下微调垫板的垫入

将轨下微调垫板靠近铁垫板挡肩一侧放入，放入后挪到中间位置摆放（图 5 -28）。

首先将轨下微调垫板只有一个边耳的一侧靠近铁垫板挡肩处，以无边耳一端沿挡肩插入，直到有边耳一端卡住铁垫板的小凸台。

把轨下微调节器垫板平放在铁垫板上，使轨下微调垫板的另一侧两边耳被铁垫板的凸台卡住（图 5 -29）。

特别提示：轨下微调垫板不得放在轨下垫板上，放入轨下微调垫板的总厚度不得大于 6 mm，总数不得超过两块（图 5 -30）。

④ 铁垫板下调高垫板的垫入（图 5 -31）

在铁垫板下弹性垫板和轨道板承轨面间垫入铁垫板下调高垫板，应从承轨台侧面成副放入，垫板的圆弧凸台应安放在轨道板承轨槽底脚的凹槽内。

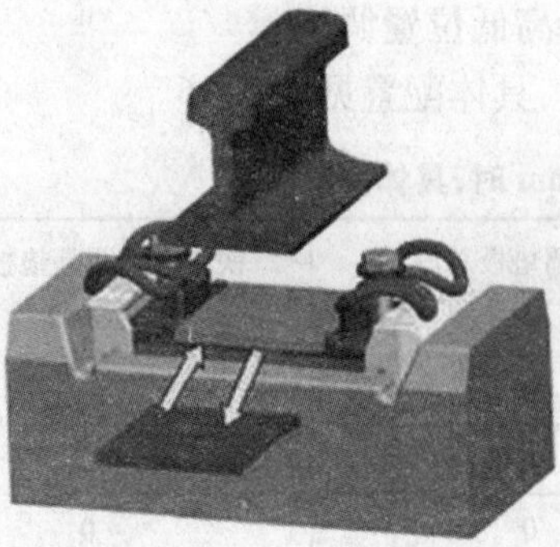

图 5－27　更换轨下垫板

图 5－28　微调垫板的垫入

图 5－29　轨下微调垫板垫入方法示意

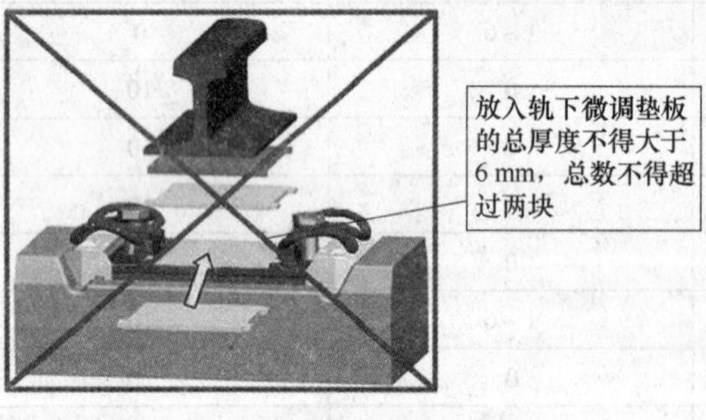

图 5－30　轨下微调垫板放置注意事项

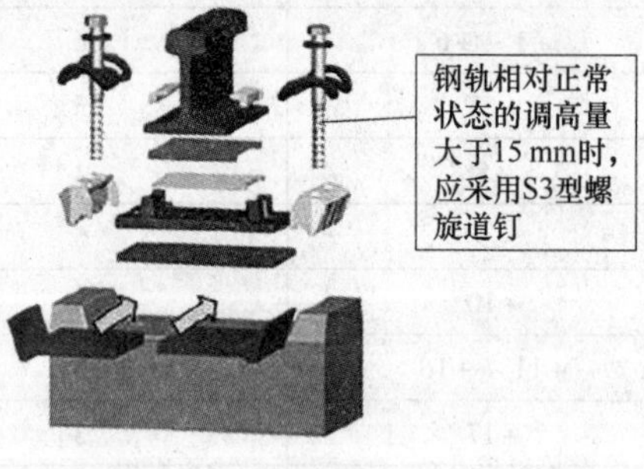

图 5－31　铁垫板下调高垫板的垫入

特别提示：铁垫板下调高垫板每副由两片组成，只能单副使用，不能摞叠使用。钢轨相对正常状态的调高量大于 15 mm 时，应采用 S3 型螺旋道钉。

三、普通扣件

普通扣件是由螺母、平垫圈、弹条等组成，适用于一切普通轨道。

第三节　钢　　轨

太中银线路全部采用 60 kg/mU71Mn、U71Mnk、U75V 全长淬火钢轨，一次铺设跨区间无缝线路，道岔全部无缝焊接。无缝线路的锁定轨温根据线路通过地区的最高和最低轨温、无缝线路的允许温降和允许温升计算确定，同时参考当地实际采用的锁定轨温，并满足无缝线路的断缝检算要求。

无缝线路的同一单元轨节左右股钢轨锁定轨温差不大于 5 ℃，相邻单元轨节间的锁定轨温差不大于 5 ℃。

1. 锁定轨温

根据无缝线路的有关规定,确定太中银线无缝线路锁定轨温,各地区锁定轨温见表5-8。

表5-8 太中银线锁定轨温表

车站	历史最高轨温(℃)	历史最低轨温(℃)	设计锁定轨温(℃)	锁定轨温范围(℃)	最大温升(℃)	最大温降(℃)
太原南	60.2	-23.3	26	±5	39.2	54.3
交城	56.8	-23.5	25	±5	36.8	53.5
文水	58.9	-26.5	24	±5	39.9	55.5
汾阳	58.7	-24.7	24	±5	39.7	53.7
吕梁	58.4	-26	23	±5	40.4	54
柳林北	59	-23.5	24	±5	40	52.5

2. 单元轨节布置

太中银线跨区间无缝线路由若干单元轨节及无缝道岔焊连而成。单元轨节的布置根据线路条件等因素进行设置,其长度除站场范围外,一般按1 000~2 000 m设置。

3. 桥上无缝线路

桥上无缝线路的锁定轨温与两端区间无缝线路锁定轨温一致。

4. 岔区无缝线路

单组或相邻多组一次锁定的道岔(含区间线路)及其前后各一定范围的钢轨组成一个单元轨节。岔区无缝道岔锁定轨温与两端区间无缝线路锁定轨温按一致,此外应结合全线锁定轨温情况进行无缝道岔选型。

太中银线正线无缝道岔焊接采用全焊方式,道岔内部除绝缘接头采用胶接绝缘接头外,其余全部焊联。无缝道岔直股与相邻轨条焊联,为防止直曲基本轨和直曲尖轨出现过大位移相错量,无缝道岔岔后侧股焊联一定长度并加强锁定。

5. 隧道地段无缝线路

隧道内距隧道口外200 m范围内无缝线路的锁定轨温宜与相邻区间的无缝线路一致。

6. 位移观测桩

线路与道岔均应按单元轨节设置位移观测桩。无缝线路两侧设置位移观测桩,位移观测桩按单元轨节设置,一个单元轨节为一个管理区段。

位移观测桩必须预先埋设牢固,在单元轨节两端就位后立即进行标记,标记应明显、耐久、可靠。

7. 无缝线路位移观测

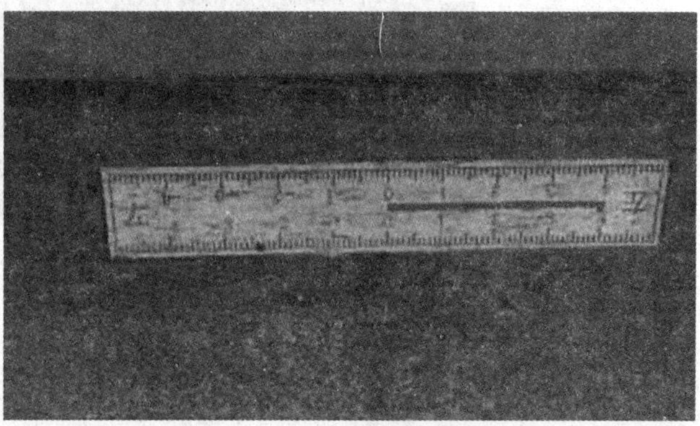

图5-32 无缝线路位移标尺

采用准直仪。正线每股道的左右股两根钢轨均设置位移标尺(图5-32)。岔前、岔后每根钢轨均设置位移标尺。观测桩编号按列车运行方向顺序编号,并将观测桩编号标注在标尺前方轨腰上,采用红底白字,便于准确地观测。

第四节 道 岔

太中银正线道岔均采用60 kg/m 钢轨 12 号和 60 kg/m 钢轨 18 号可动心轨高速道岔(图 5 -33),直向容许通过速度为 200 km/h,侧向容许通过速度为 50 km/h。

60 kg/m 钢轨 12 号可动心轨辙叉单开道岔(图 5 -33),道岔全长 43 200 mm,尖轨长 142 500 mm,辙叉长 13 800 mm,道岔采用预应力混凝土岔枕,岔枕垂直于主线,岔枕间距按 600 mm 模数布置,牵引点及两侧岔枕间距适当调整,但最大不超多 650 mm,尖轨采用弹性可弯尖轨,用 60AT 钢轨制造,尖轨尖端为藏尖式,尖轨根端采用双限位器或间隔铁结构。可动心轨辙叉采用钢轨组合式,心轨采用 60AT 钢轨,短心轨后端为滑动端,翼轨用模锻翼轨与 60 kg/m钢轨焊接的长翼轨,以适用于跨区间无缝线路,心轨设两个牵引点,采用勾形外锁闭装置,各点设计动程分别为 122. 9 mm、75. 9 mm,道岔钢轨设置 1∶40 的轨底坡或轨顶坡,为防止心轨侧磨,可动心轨辙叉侧线设置护轨,护轨采用分开可调试槽型钢结构,护轨顶面超出基本轨 12 mm,扣件采用分开式Ⅱ型弹条扣件,在特殊部位用Ⅲ型弹条扣件,轨距块设计安装号数如下:(1)Ⅱ型弹条扣件,钢轨工作边一侧,安装 13 号轨距块;钢轨非工作边一侧,安装 11 号轨距块;钢轨接头两侧及 AT 短轨一侧安装接头轨距块。(2)Ⅲ型弹条扣件:钢轨工作边一侧,安装 11 号轨距块;钢轨非工作边一侧,安装 9 号轨距块。

钢轨接头处及 AT 短轨肢一侧安装接头轨距块。转辙器设置弹片滑床板,取消销钉,设置滚轮;钢轨轨下设置 5 mm 厚橡胶垫板,板下设置 14(10)mm 厚橡胶垫板,为使牵引点处岔枕捣固后道砟保持良好,不设置道岔连接装置,本道岔前后应铺设Ⅲ型混凝土枕不小于 25 m。

图 5 -33 60 kg/m 钢轨 12 号可动心轨辙叉单开道岔

太中银正线均采用 GLC(06)01 -001 型 12 号可动心提速道岔,其主要技术参数和特点如下:

GLC(06)01 -001 型 12 号可动心提速道岔在对 SC325 及 CZ2516 进行技术整合的基础上,进行了优化设计。

对道岔侧向平面线型,采用了 $R1$ 450 和 $R2$ 350 m 复合曲线型,并保持尖轨尖端部位轨头具有一定的粗壮度,改善了列车顺向出岔或逆向进岔的运行条件,提高了尖轨的耐磨性。

进一步优化心轨第一牵引点部位工电结构的配合,取消了“转换凸缘”,排除了在夹有

4 mm异物时电务设备仍可能处于锁闭状态的行车安全隐患。

改善了温度力传力结构,保证了钢轨温度力的正常传递,有利于对尖轨,心轨纵向位移的控制,同时改善了紧固螺栓的受力状态。

采用铸造工艺,实现道岔普通垫板和护轨垫板的整体化。

解决了岔枕预埋塑料管失效后的快速更换及塑料套管与岔枕等寿命问题。

采用了复合缓冲圈,缓冲了横向力对岔枕螺栓的冲击,并降低了横向力作用点的高度,改善了岔枕螺栓的受力状态。

采用分段分级调整板下垫层刚度,实现岔区刚度均匀化,提高了列车运行的平顺性和舒适性。优化电务外锁闭机构,解决卡阻问题。

一、道岔主要技术参数及性能

1. 道岔允许通过速度

直向:客车 200 km/h;货车 120 km/h。

侧向:50 km/h;导曲线半径 350.717 5 m。

2. 道岔平面尺寸:道岔全长:43 200 mm;辙叉长度 13 800 mm,基本轨长度 18 592 mm。道岔前长:16 592 mm;道岔后长:26 608 mm。以上尺寸可与 SC325 或 CZ2516 实现整组互换。

3. 可根据当地气候选择间隔铁或限位器作为温度力传递结构。轨温变化幅度≥90 ℃地区,尖轨跟部应设双间隔铁,作为温度传力结构;轨温变化幅度 <90 ℃地区,尖轨跟端可不设传力结构,但可根据本地区气候条件,选择设置跟部传力结构。

4. 本道岔按适用于超长无缝线路(最大降温幅度不大于 55 ℃,最大升温幅度不大于 45 ℃)。铺设于无缝线路时岔区直侧股全部采用焊接或冻结、胶接;铺设于非无缝线路时,岔内所有接头仍然采用焊接、冻结、胶接,以利于道岔状态的保持。

5. 本道岔轨下基础近碎石道床设计,采用预应力混凝土岔枕,岔枕垂直于主线,岔枕间距按 600 mm 模数布置,牵引点及两侧岔枕间距适当调整,但最大不超过 650 mm。直曲股道岔轨距均为 1 435 mm。

二、道岔主要特点

1. 尖轨为复曲线型,采用 14 250 mm 长的弹性可弯尖轨,用 60AT 钢轨制造,尖轨尖端为藏尖式,跟端采用双限位器或间隔铁结构,本道岔采用双限位器。

(1)限位器由两铸钢件组成,一为 π 形件固定在基本轨上,一为 T 形件固定在尖轨上,限位器设置在距尖轨跟端 1 800 mm 处。

(2)对于无缝道岔,容许尖轨与基本轨有一定的相对位移,以部分地释放钢轨温度力。当位移至极限位置时,限位器将部分温度力向基本轨传递,并限制尖轨与基本轨进一步相对位移。

(3)限位器中 π 形和 T 形铁之间的间隙为前后各 7.0 mm。

2. 尖轨设两个牵引点,第一牵引点动程为 160 mm,第二牵引点动程为 91 mm,容许误差为 ±3 mm,采用分动钩型外锁闭装置。第一牵引点距尖轨尖端长度为 475 mm,第一至第二牵引点间长度为 4 800 mm。

3. 可动心轨辙叉采用钢轨组合式。心轨采用 60AT 钢轨,短心轨后端为滑动端,翼轨用模锻翼轨与 60 kg/h 钢轨焊接的长翼轨以适用于跨区间无缝线路。

4. 心轨设两个牵引点,采用钩形外锁闭装置,心轨理论动程为125 mm,心轨第一牵引点处动程为122.9 mm,第二牵引点处动程75.9 mm,容许误差为±3 mm。两牵引点之间的距离为2 375 mm。动程虽然由电务部门负责,但动程的正确与否将直接影响尖轨和心轨的使用状态,因此工务部门应掌握动程标准,发现动程不符要求时及时通知电务部门调整动程。

5. 转辙器第一、第二牵引点后安设尖轨防跳限位装置,防止尖轨在转换过程中,尖轨振动脱落。尖轨设2对防跳轮,直尖轨二个,曲尖轨二个,防止道岔在转换过程中,摆动尖轨时,跳动脱落。辙叉心轨尖端锻制出防跳凸台与模锻翼轨配合防跳,翼轨轨腰安设防跳顶铁。

6. 为加强基本轨稳定性,减小外倾和轨距扩张,在基本轨外侧牵引点附近设置轨撑。

7. 道岔钢轨设置1∶40的轨底坡或轨顶坡。

8. 为防止心轨侧磨,可动心轨辙叉侧线设置护轨,护轨采用分开可调式槽型钢结构,护轨顶面高出基本轨顶面12 mm。但侧向要设置长度为5 400 mm或5 600 mm的防磨护轨,减少冲击加长护轨缓冲段长度,以防止心轨侧面磨耗而影响直股密贴。

9. 所有螺栓副扭矩情况如下:锁紧Ⅱ型弹条螺母扭矩为300(1±10%)N·m,岔枕螺栓副扭矩为250~300 N·m,限位器螺栓副、翼轨间隔铁螺栓副、辙跟间隔铁螺栓副都为100(1±10%)N·m,长短心轨间间隔铁螺栓副扭矩为:600(1±10%)N·m。M27高强度螺栓扭矩为1 000~1 100 N·m。

10. 扣件采用分开式Ⅱ型弹条扣件,在特殊部位用Ⅲ型弹条扣件,轨距块设计安装号如下:

Ⅱ型弹条扣件:钢轨工作边一侧,安装13号轨距块;
钢轨非工作边一侧,安装11号轨距块。

Ⅲ型弹条扣件:钢轨工作边一侧,安装11号轨距块;
钢轨非工作边一侧,安装9号轨距块。
钢轨接头及AT轨短轨一侧安装接头轨距块。

11. 转辙器设置弹片滑床板,取消销钉,设置滚轮。直曲股尖轨垫板上各设4对滚轮,直尖轨4个,曲尖轨4个,在道岔转换时,尖轨底部不与垫板摩擦,而通过滚轮转动,减少了尖轨与滑床板的伤损,延长了尖轨与滑床板的使用寿命。

12. 钢轨轨下设置5 mm厚橡胶垫板,板下设置14 mm厚橡胶垫板,合理调整不同部位轨下和板下胶垫的刚度,使其在整个岔内弹性趋于一致。

13. 为使牵引点处岔枕捣固后道砟保持良好,不设置岔枕连接装置。在尖轨两牵引点间设置1个密贴表示器,使尖轨紧贴在基本轨上,防止尖轨离缝变形。

14. 道岔支距点8个,自尖轨跟端焊接中缝为第一支距点,然后每2 m一点,最后两点间的距离为1 224 mm。各点支距见表5-9。

表5-9　各点支距

序号	支距	计划数据	备注	序号	支距	计划数据	备注
1	第一点	299		5	第六点	707	
2	第二点	383.8		6	第七点	837.6	
3	第三点	480.1		7	第八点	979.8	
4	第四点	587.8		8	第九点	1 072.4	

60 kg/m钢轨18号可动心轨辙叉单开道岔(图5-34),此道岔适用于跨区间无缝线路,当

温度变化幅度大于90 ℃时采用双间隔铁形式，当温度变化幅度不大于90 ℃时不设传力部件，采用焊接接头，绝缘接头采用胶接绝缘。牵引点岔枕间距为650 mm，与牵引点相邻的两处岔枕间距为575 mm外，其他位置岔枕间隔均为600 mm。尖轨采用弹性可弯尖轨，用60 AT钢轨

图5－34　60 kg/m钢轨18号可动心轨辙叉单开道岔

制造，尖轨尖端为藏尖式，尖轨根端采用双限位器或间隔铁结构。尖轨设三个牵引点，各牵引点设计动程分别为：160、110、60 mm，转辙器尖轨根端设间隔铁或不设传力结构两种，辙叉采用可动心轨辙叉，心轨设两个牵引点，设计动程分别为103.7 mm和57 mm，护轨为分开式，采用33 kg/m槽型钢轨制造，护轨顶面高出基本轨顶面12 mm，扣件采用分开式Ⅱ型弹条扣件。

轨距及钢轨位置调整采用偏心套和轨距挡块，一般部位偏心套的号码配置见表5－10。

表5－10　一般部位偏心套的号码配置

单股钢轨位置	钢轨内侧			钢轨外侧		
	复合偏心套		轨距块	复合偏心套		轨距块
	外　侧	内　侧		外　侧	外　侧	
0	11	13	13	11	13	11
+2	13	11	13	13	11	11
+4	13	11	15	13	11	9
－2	11	13	11	11	13	13
－4	11	13	9	11	13	15

钢轨工作边一侧，安装13号轨距块或绝缘轨距块；钢轨非工作边一侧，安装11号轨距块或绝缘轨距块；7～17号轨距块为备用轨距块，供现场调整用。

绝缘接头两侧采用绝缘轨距块道岔钢轨设置1∶40的轨底坡或轨顶坡，钢轨轨下设置5 mm厚橡胶垫板，板下设置14(10)mm厚橡胶垫板，建议到发线岔后附带曲半径线不宜小于950 m。

第六章　线路测控网

第一节　CP Ⅰ级控制网

CP Ⅰ级控制点基本沿线路走向成对布设，点对间短边 600 ~ 1 000 m，全线相邻点对长边均不超过 4 km。点对间的短边相互通视，选在距线路中线不大于 400 m 地方，困难地段有一点靠近线路。

CP Ⅰ级控制网按 C 级 GPS 静态控制测量要求进行施测；作业前按规范要求进行相关仪器常规检校，并在作业中对光学对中器进行经常性检校，作业过程中保持接收机及附属设备工作状态正常。

在观测前，均进行星历预报；按卫星星历预报表、GPS 接收机数量及交通情况编制观测计划；按设计控制网网形进行观测。

观测时 GPS 天线统一指北定向，GPS 测量作业满足表 6 – 1 中的基本技术要求。

表 6 – 1　GPS 测量作业的基本技术要求

级别	截止高度角	有效卫星数	时段长度	观测时段数	PDOP 或 GDOP 值	采样间隔	时段中任一卫星有效观测时间
C 级	≥15°	≥5	≥60 min	1 ~ 2	≤8	15 s	20 min
D 级	≥15°	≥4	≥45 min	1 ~ 2	≤10	15 s	15 min

作业中，仪器对中误差小于 1 mm，每个时段观测前、后各量天线高一次，两次较差值小于 2 mm，取均值作为最后成果；观测时用电子手簿记录点号、天线高，同时认真填写 GPS 静态观测手簿。观测过程中不在天线附近 50 m 以内使用电台、10 m 以内使用对讲机；在一个时段观测过程中严禁出现以下操作：接收机关闭又重新启动，进行自测试，改变卫星仰角限，改变数据采样间隔，按动关闭文件和删除文件等功能键。

第二节　CP Ⅱ级控制网

CP Ⅱ级控制点绝大部分用 GPS 进行测量，用 GPS 法测量时满足靠近线路点为等边直伸形式，点位均选在距线路中线 50 ~ 200 m 稳固可靠且不易被施工破坏的范围内，便于长期保存和测设中线，个别只作为后视点的点稍远离线路，点间距离为 600~ 800 m，点对间尽量相互通视，保证每一个点至少有一个通视方向。

表 6 – 2　GPS 测量的精度指标

控制网级别	基线边方向中误差	最弱边相对中误差
CP Ⅰ	≤1.7″	1/100 000
CP Ⅱ	≤2.0″	1/60 000

表 6－3　导线测量主要技术要求

控制网级别	附合长度(km)	测距中误差(mm)	测角中误差(″)	相邻点位坐标中误差(mm)	导线全长相对闭合差限差	方位角闭合差限差(″)	对应导线等级
CPⅡ	≤4	5	2.5	10	1/40 000	$\pm5\sqrt{n}$	四等

第三节　CPⅢ控制网

CPⅢ控制网为三维控制网，是三级观测网中的第三级，采用自由设站，自由设站的距离为 120 m 时，每个自由设站应观测 12 个 CPⅢ点，全站仪前方和后方各 6 个(3 对)CPⅢ点，每次测量应保证每个 CPⅢ点被测量 3 次以上。对于自由设站测量较为困难的地区(如曲线隧道)，自由设站的设站距离可以为 60 m，每个自由设站应观测 8 个 CPⅢ点，全站仪前方和后方各 4 个(2 对)CPⅢ点，每次测量应保证每个 CPⅢ点被测量 4 次以上。测量前应记录每个测站的温度、气压，并将温度、气压输入仪器进行改正。

对于线路有长短链时，应注意区分重复里程及标记的编号。

1. CPⅢ控制点的埋设

CPⅢ控制点沿线路布置时纵向间距宜为 60 m 左右，且不应大于 70 m、横向间距不超过结构宽度。各 CPⅢ点应大致等高，其高度应在设计轨道顶面以上 30 cm 的地方。CPⅢ控制点应沿线路布置在路基两侧的接触网杆或基础、桥梁防撞墙、隧道侧壁上，当 CPⅢ控制点布置在桥梁防撞墙上时，点位应设置在桥墩固定支座端上方的防撞墙上。一般路基地段宜布置在接触网杆上(图 6－1)；桥梁上一般布置在桥梁固定支座端防护墙上(图 6－2)；隧道里一般布置在电缆槽顶面以上 50 cm 左右的边墙内衬上(图 6－3)。

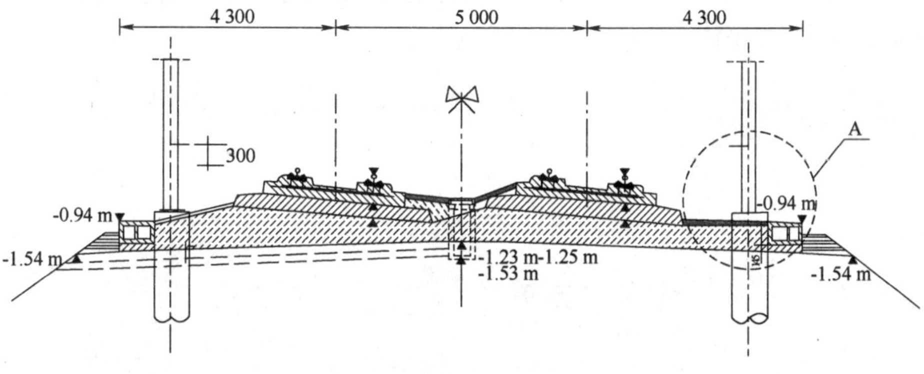

图 6－1　路基地段控制点布置(单位:mm)

2. CPⅢ控制点距离观测

CPⅢ平面控制网的距离测量，应采用以下的多测回距离观测法：盘左和盘右分别对同一个 CPⅢ点进行距离测量，把盘左和盘右距离测量的平均值作为一测回的距离测量值；每个 CPⅢ点距离测量的测回数应与水平方向相同，各测回测量的距离较差应≤1.0 mm。在全圆方向观测的同时，对 CPⅢ点进行距离测量。

3. CPⅢ控制点的编号

CPⅢ的点号由七位数组成，从左到右前四位数表示 CPⅢ点所在里程的整公里数，第五位是“3”表示是 CPⅢ网点，后两位数字表示点的顺序号，点的顺序号为单数表示该点在里程增加方向的左侧，点的顺序号为双数表示该点在里程增加方向的右侧，当里程不足千、百、十公里

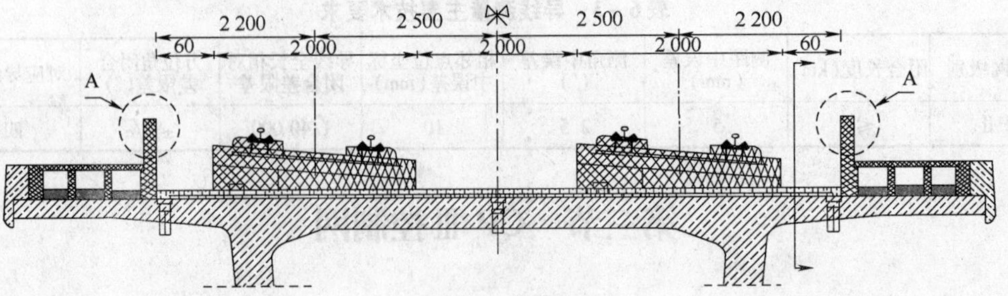

图 6－2　桥梁上控制点布置(单位:mm)

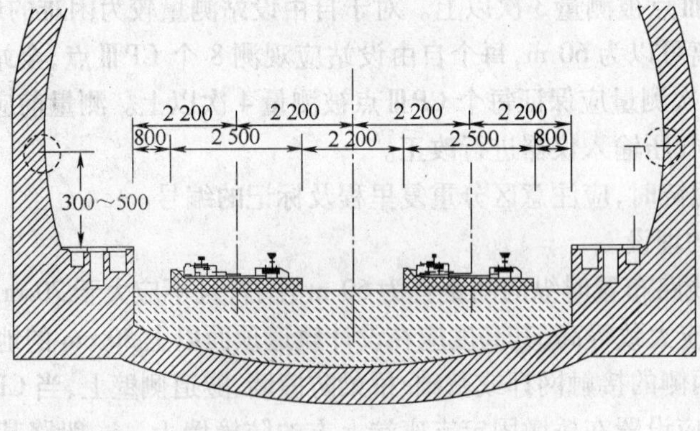

图 6－3　隧道里控制点布置(单位:mm)

时,加“0”填充以保证 CPⅢ的点号都是 7 位数齐全;

CPⅢ控制点编号的标注应全线统一采用大小为 4 cm 的正楷字体刻绘,并用白色油漆抹底,红色油漆填写编号字体。

第七章 轨道精调

第一节 轨道静态几何尺寸允许偏差管理值

1. 线路轨道静态几何尺寸容许偏差管理值暂按表7－1中的容许偏差管理值执行。

表7－1 线路轨道静态几何尺寸容许偏差管理值

项目		作业验收	经常保养	临时补修
轨距(mm)		+2 −2	+4 −2	+6 −4
水平(mm)		3	5	8
高低(mm)		3	5	8
轨向(直线)(mm)		3	4	7
三角坑(扭曲)	缓和曲线(mm)	3	4	6
	直线和圆曲线(mm)	3	4	6

注:① 轨向偏差和高低偏差为10 m弦及以下弦测量的最大矢度值;

② 三角坑偏差不含曲线超高顺坡造成的扭曲量,检查三角坑时基长为6.25 m,但在延长18 m的距离内无超过表列的三角坑。

2. 道岔静态几何尺寸容许偏差管理值暂按表7－2中的容许偏差管理值执行。

表7－2 道岔轨道静态几何尺寸容许偏差管理值

项目		作业验收	经常保养	临时补修
轨距(mm)		+2 −2	+4 −2	+5 −2
水平(mm)		3	5	7
高低(mm)		3	5	7
轨向(mm)	直线	3	4	6
	支距	2	3	4
三角坑(扭曲)(mm)		3	4	6

注:①支距偏差为现场支距与计算支距之差。

② 导曲线下股高于上股的限值:作业验收为0,经常保养为2 mm,临时补修为3 mm。

③ 三角坑偏差不含曲线超高顺坡造成的扭曲量,检查三角坑时基长为6.25 m,但在延长18 m的距离内无超过表列的三角坑。

④ 尖轨尖处轨距的作业验收的容许偏差管理值为±1 mm。

⑤ 专用线道岔按其他站线道岔办理。

3. 轨道静态几何尺寸容许偏差管理值中,作业验收管理值为综合维修、经常保养和临时补修作业的质量检查标准;经常保养管理值为轨道应经常保持的质量管理标准;临时补修管理值为应及时进行轨道整修的质量控制标准。

第二节　轨道动态不平顺管理

1. 线路动态不平顺是指线路不平顺的动态质量反映，主要通过轨道检查车进行检测。

2. 轨道检查车对轨道动态局部不平顺（峰值管理）检查的项目为轨距、水平、高低、轨向、三角坑、车体垂向振动加速度、横向振动加速度、横加变化率、轨距变化率和曲率变化率共十项。

各项偏差等级划分四级：Ⅰ级为舒适度标准，Ⅱ级为保养标准，Ⅲ级为临时补修标准，Ⅳ级为限速标准。

各级容许偏差管理值见表7－3。

轨道检查车检查线路区段整体不平顺（均值管理）的动态质量用轨道质量指数（TQI）评定。其管理值见表7－4。

表7－3　轨道动态质量容许偏差管理值

项　　目		160 km/h＜V＜200 km/h			
		Ⅰ级	Ⅱ级	Ⅲ级	Ⅳ级
轨距（mm）		+4 −3	+8 −4	+12 −6	+15 −8
水平（mm）		5	8	12	14
三角坑（基长2.5 m）（mm）		4	6	9	12
高低（mm）	波长1.5～42 m	5	8	12	15
轨向（mm）	波长1.5～42 m	5	7	10	12
高低（mm）	波长1.5～70 m	6	10	／	／
轨向（mm）	波长1.5～70 m	6	8	／	／
车体垂向加速度（m/s^2）		1.0	1.5	2.0	2.5
车体横向加速度（m/s^2）		0.6	0.9	1.5	2.0
轨距变化率（基长2.5 m）（‰）		1.2	1.5	／	／
曲率变化率（基长18 m）（$m^{-2}\times10^{-6}$）		2.0	2.5	／	／
横向加速度变化率（基长18 m）（m/s^3）		1.0	3.0	／	／

注：① 高低和轨向偏差为计算零线到波峰的幅值。
② 水平限值不包含曲线按规定设置的超高值及超高顺坡量。
③ 三角坑限值包含缓和曲线超高顺坡造成的扭曲量。
④ 车体垂向加速度采用20 Hz低通滤波，车体横向加速度采用10 Hz低通滤波，加速度等速检测速度应在V_{max}（1±10%）范围内。
⑤ 避免出现连续多波不平顺和轨向、水平逆向复合不平顺。

表7－4　轨道质量指数（TQI）管理值

项　目	高　低	轨　向	轨　距	水　平	三角坑	TQI
管理值	1.5×2	1.6×2	1.1	1.3	1.4	10.0

注：波长范围为1.5～42 m的单项标准差计算长度200 m。

第三节 轨道精测数据处理

1. 准备工作

收集车载添乘仪、轨检小车资料,确定大概位置。

2. 线路精密测量

在大概位置范围内进行了长波(150 m),短波(5 m)弦测量。

3. 软件试算

根据精测网数据参数,计算出实测模拟偏差量。

4. 模拟调整

根据“偏差”、“平顺性”原理进行模拟调整。

5. 现场校核(轨距尺、弦线)

对突变点、异常点现场进行校核。

第四节 轨道精调精整

1. 基本原则:“先轨向,后轨距”,“先高低,后水平”。

2. 轨向调整:应先选定一股钢轨作为基准股(曲线地段选择上股,直线地段选择与前方曲线上股同侧钢轨),对基准股钢轨方向进行了精确调整,线型平顺,无突变,无周期性小幅振荡。

3. 轨距调整:固定基准股钢轨,调整另一股钢轨,轨距精度控制在 ±1 mm,轨距变化率不大于 1/1 500 ;该股钢轨方向线型应平顺。

4. 高低调整:应先选定一股钢轨为基准轨股(曲线地段选择下股,直线地段选择与前方曲线下股同侧钢轨),对基准股钢轨高低进行精确调整,线型平顺,无突变。

5. 水平调整:固定基准股钢轨,调整另一股钢轨高低,校核水平精度控制在 1 mm,该股钢轨高低线型应平顺,无突变。

6. 轨道复测:复测前,对调整区域段的扣件、垫板进行全面检查,确认安装正确,扣压力达到设计标准,对调整区段采用轨道小车进行逐根轨枕连续测量,复测数据不满足精度要求的地段应重新对数据进行试算调整,试算调整若不满足要求的,必须对原地点进行复测,最终达标。

第五节 道岔养护精调精整

本节以 60 kg/m 钢轨 12 号可动心轨道岔〔图号:GLC(06)01 -001〕为例,叙述道岔的养护和精调精整。

一、养护好道岔需满足的条件

1. 纵断面要精确到位

既有线岔区前后一般都存在变坡点,在既有线改造时,受供电、行车条件所限,很难一次性精确改造到位,既使到位后,日常作业中对纵断面认识不足,很容易把纵断面破坏,岔区形成连续高低,也就是纵断面上的长波不平顺,列车通过时共振,容易形成水加病害。

岔区前后竖曲线的设置好坏非常关键,要进行测量,设置标高桩,日常作业时要慎重,注意正确的检查方法,起道作业时,要从岔区目视竖曲线方向进行看道作业,防止破坏竖曲线标高。

2. 大方向要到位

岔区大方向对道岔的精细养护非常关键,由于可动心轨道岔结构复杂,一旦方向不到位,易形成多种病害。一是易产生水加病害,影响行车的舒适度;二是道岔尖轨、可动心轨离缝病害,对道岔框架结构有影响,列车通过时尖轨左右跳动,产生动态水加病害。

方向到位后,每5 m设定桩,日常作业时使用“L”形道尺进行检查,确保方向精确到位。

3. 几何尺寸到位

日常作业中把岔区前后200 m线路和道岔,按岔区单元进行管理,几何尺寸基本上按“零误差”的要求做到位,扣件达到紧、密、靠、润,确保轨距不变化,轨距变化率控制在0.8‰,防止道岔前后无缝线路因扣压力不足造成伸缩,使尖轨及心轨跟端产生方向。

二、无缝道岔的作业条件和要求

1. 严格按作业轨温允许范围(锁定轨温±10 ℃)安排养护维修作业。

2. 可动心轨道岔起道作业时,直、曲股应同时起平,保证可动心轨辙叉在一个平面上,并做好道岔前后及道岔曲线顺坡。以起平道为主,严禁起高道。作业时,每根岔枕均应在其双侧通长捣固。道岔转辙部分连接杆处岔枕用内燃冲击捣镐串实,禁止起高道,防止岔枕变形。起道顺坡长度不得小于起道高度的1 200倍,顺坡率不得超过0.8‰。

3. 拨道时应先扒开枕端道床,拨道后及时夯实封闭道床。在转辙部分拨道时,应有电务部门配合。对轨向不易保持的部位可安装地锚拉杆加固,以控制轨向变化。

4. 改道作业,应严格控制轨距变化率和轨向,作业过程中应更换、补充和修理失效及伤损联结零件,涂油防锈,并按规定拧紧以避免重复作业。转辙部位轨距不易控制时,可安装轨距杆。

5. 道岔连接部分及岔后垫板应按设计图定位安装,不得随便调换。

6. 在维修作业中,应注意整正橡胶垫板,对缺少及失效的应及时补充和更换。

7. 加强对扣件及其他联结零件的养护维修,对松动螺栓要及时复紧,有损坏、丢失的要及时更换、补充。各种联结螺栓及销钉每年安排涂油不少于一次。为防止岔枕上立螺栓锈蚀,每半年涂防锈脂(或黄油)一次。

8. 应有计划地安排以道岔钢轨进行修理,提高道岔的平顺性,延长设备的使用寿命。对可动心轨、尖轨、基本轨、翼轨作用边和尖轨非作用边的飞边及胶接绝缘接头的轨端飞边要及时打磨,防止钢轨掉块和假轨距,对尖轨、长心轨跟端异型断面容易压塌的部位要及时打磨平顺。

9. 综合维修必须安排道床一般清筛,以疏通排水,消灭翻浆。结合线路大修对道床进行一次清筛换砟。

三、无缝道岔产生的病害分析及整治

在整治道岔病害前,首先要提高思想观念,统一作业标准,明确作业标准后才能有的放矢,提高作业质量减少反撬;其次对道岔及前后200 m作为一个单元,实行单元管理的理念,为防止轨道框架不足带来的其他病害,应先对道岔及线路进行扣压力复紧,对石砟缺少的地点进行补砟工作。同时精确检查线路道岔,轨距准确到小数点后一位数,根据轨距及轨距顺坡率找出病害,使用油漆对检查的结果标注在轨枕上,准确的用油漆划出病害的地点、头尾及起拨改道量,并分析产生病害的原因。轨距达到 ±1 mm 零过渡,顺坡按 0.5‰,水平不大于 3 mm,病害整治完毕后,要做好回检,总结经验寻找病害发生的周期,探索掌握规律。

1. 道岔水平、高低不良

新线铺设的提速道岔,由于道岔设计时的标高不到位,给道岔养护带来困难。如按全站仪所测量的数据,设计标高值进行起道,起道量大,且道岔石砟不足,道岔难以稳定。因此前期的起道采取填坑的办法,将道岔内的高低及水平不良地点,尽可能的向测量的理论值靠近。影响道岔水平、高低变化的主要因素:一是于道岔铺设后,虽经内燃冲击捣镐和大型机捣车捣固,但经列车的碾压,路基下沉不均,造成道岔水平、高低不良。二是尖轨及长岔枕中部低洼,造成导曲线反超高、内直股钢轨水平低等。三是虽对高低进行了起道,但是由于捣固不良,养护作业不当,造成局部水平、高低不良。在养护作业中,往往由于起道和捣固作业不慎,造成水平、高低超限;对长岔枕未进行全面捣固,只对内外直股进行捣固,而对曲股少捣或不捣,使水平不能保持。

可动心轨道岔起道作业,坚持“捣垫结合、以捣为主”的原则。在整治中,根据轨检车资料及添乘信息,在病害地点用眼看、轨道尺、L 形轨道卡尺和弦绳查找。

在道岔的整治中首先消灭道岔暗坑、吊板,用内燃捣镐先串实暗坑和吊板,使道岔在整体上弹性一致。

(1)在平时的作业中加强道岔捣固,特别是路基松软下沉量大的地点,要补充道砟有重点的捣固,确保捣固质量。

(2)为防止道岔中部下沉量大,岔枕变形造成导曲线反超高。对岔枕中部低洼,内直股钢轨水平低和岔后中间两股水平低等病害,用内燃冲击捣镐加强捣固。

(3)在平时的起道和捣固作业中。同时起平四股钢轨,使之在一个水平面上,起道前要拆除调高垫板。以起平道为主,严禁起高道,用 L 形轨道卡尺和弦绳确定病害,对长岔枕要全面捣固,做好回检,确保作业质量,消除道岔水平、高低不良。调高垫板拆除后,要经过 2 次至 3 次的捣固才能保持道岔的稳定。

2. 夹直线高低病害

个别道岔夹直线按最困难条件 12.5 m 进行设置。由于岔区Ⅲ型枕和岔枕结构不等强,夹直线受冲击力大,道岔下沉与前后直线下沉不一致,易形成高低病害。

对岔区夹直线短的地段,要经常进行起道捣固,确保列车通过时的平顺度。

3. 道岔与前后线路及道岔衔接不良,产生大方向、小轨向

(1)铺设或更换道岔时,位置摆放不正,拨动线路或道岔时,只顾主线不管侧线,造成道岔与线路、道岔与道岔衔接不好。线路与道岔,道岔与道岔之间出现折角,一个岔区一个行别不在一条直线上。

在提速区段,定位桩自道岔前后 150 m 范围内安装,每 5 m 安装一个,两线间埋设时,距中埋设,与钢轨非工作边的距离一般以 1 700 mm 左右为易,便于测量。

使用全站仪按设计标准,在道岔直外股方向良好地点观测,以减少拨道量,使道岔前后 200 m 在一条直线上,全站仪所测每点的数据写在每个定位桩上,然后由 L 卡尺测出实际数据,与全站仪所测数据相加减,计算出实际应拨量,做为原始数据。

利用机捣车或人工拨道,按原始数据拨正道岔,使道岔及其前后 200 m 在一条直线上,减少列车晃动。

(2)道岔铺设后,本身不稳定,经过列车的碾压冲击变化大,道岔中心易偏移,道岔与其衔接部出现大方向。

在道岔不易控制的地点安装控制桩,用绝缘拉杆或地锚梁与轨道框架连续起来,防止道岔横向移动、控制道岔变形。

先用全站仪测量,使整个岔区在一条直线上,利用大机捣或人工拨正道岔后,地锚梁用绝缘拉杆锁定,使道岔不发生横向移动,控制方向不变,以减少列车冲击给道岔带来的摆动,控制道岔大方向不变。

(3)道岔局部不稳定,缺砟地点在列车的冲击下易发生变形,造成小轨向,致使碎弯增多。

整治标准要严格,按《既有线提速 200 ~ 250 km/h 线桥设备维修规则》要求,道床肩宽不小于 500 mm,道床砟肩堆高 150 mm,但不应超过钢轨顶面。边坡坡度 1:1.75。Ⅲ型轨枕中部道床顶面与轨枕面平齐。

按此要求对不足的道床进行回填夯拍,使之密实,对肩宽达不到规定要求的进行加宽、堆高夯实,使道岔经常处于道砟饱满状态,防止因道岔缺砟造成的道岔纵、横向位移。

充分利用天窗修,整治道岔轨距,先拨正直股轨向,使道岔直股整体顺直,然后改正道岔轨距,使用弦绳细找,拉出小轨向的位置,道岔每根一量,以控制顺坡率。如大方向顺直,不需要拨道时,采取目视、弦绳和道尺相结合进行改道及轨距顺坡率不足地点。

首先使用轨距调整块改正,如轨距调整块达不到改正轨距的目的,就用缓冲调距块改动轨下垫板,以移动垫板来改正小轨向。

严格控制作业质量按 1 435 mm 改正轨距,轨距顺坡率控制在 0.8‰,改正后复紧扣件,防止轨距、小轨向反弹,要加强作业回检。

4. 尖轨或心轨顶铁不标准造成轨距不良

锻造时的工艺达不到规定要求,造成顶铁不标准。曲股顶铁过短,直尖轨轨距虽已到 1 435 mm,由于尖轨高离缝造成假轨距,列车冲击轨距扩大,形成病害。曲基本轨顶铁过长,直尖轨被曲股长顶铁顶严。而锻造合格的顶铁处,则留有一定的空隙,造成尖轨与基本轨,心轨与翼轨不密贴。顶铁顶死处轨距较小,不密贴的顶铁处的尖轨,在列车冲击下易造成尖轨伤损,长此以往造成尖轨变形。

使用塞尺测量顶铁与尖轨及心轨的离缝情况。天窗点内由电务配合,根据其离缝的数据,对长顶铁拆除打磨、调试,使之于锻造合格的顶铁一致。对于短顶铁采用松螺栓加垫的方法,使尖轨、心轨部分的顶铁全部密贴,防止尖轨离缝变形。在使顶铁密贴的同时,把尖轨及心轨处的轨距全部控制在 1 435mm,尽可能地做到零误差,轨距顺坡达到规定的 0.5‰。

5. 尖轨应力变形产生的侧弯病害

(1)道岔预铺时,尖轨在装卸运输过程中野蛮作业,导致尖轨弯曲变形。没有及时捏轨处理就被换到线上,变形处出现侧弯,不易回复到位,造成小轨距及轨向不良,在线上整治起来难度较大。

(2)尖轨随温度的变化而伸缩爬行,当列车进入侧线,道岔恢复定位时,尖轨后部因钢性反弹或温度过低尖轨收缩,回复不到位,存在侧弯的现象。

在尖轨后部侧弯部位,采用加装短拉杆来解决尖轨侧拱问题。在原来绝缘拉杆的基础上,根据需要现场拉出不易控制尖轨部位的距离,既易侧拱的部位,然后切除多余部分,焊接短拉杆。对尖轨后部的厚轨底,采取切除老虎轨爪然后再焊接的办法,使加工后的老虎轨爪正好能紧扣在厚轨底上,在天窗点内由电务配合,进行安装调试,锁定拉杆使直侧股轨距控制在 1 435 mm。

通过调试，加装拉杆后对于电务设备没有的影响，使用改制的拉杆，逐步消灭了提速道岔尖轨侧弯病害。现在尖轨后部的侧弯、轨向、小轨距得到了有效的控制，取得了明显的成效。

6. 道岔焊接接头作用边和非作用边凸凹不平

由于焊接工艺及焊接不良，接头焊缝未达到提速要求。个别接头在焊接过程中，焊缝出现错口，前后两根轨枕上的轨距大小不一，明显出现方向不良。在打磨中未认真执行200～250 km/h作业标准，按以往老经验作业，致使焊缝横向弯曲矢度用1 m直尺，测量作用边大于0.3 mm、非作用边大于0.5 mm（200～250 km/h的行车要求标准为用1m直尺测量焊缝作用边和非作用边不平顺不大于±0.2 mm），焊接后又未及时打磨，致使高焊缝及接头弯曲存在得不到消除。快速列车及动车组通过超标的焊缝时，机车晃车严重。

对线路道岔焊缝进行全面检查，建立焊缝台账。成立道岔打磨专班，利用天窗点，对峰值较大地点，用打磨机打磨超限焊缝凸凹不平顺，使焊缝接头钢轨的作用边、非作用边，铝热焊接头不平顺值用1m直尺测量全部控制在±0.2 mm以内，达到200～250 km/h规定要求，减少了道岔因轨距过小，焊缝作用边、非作用边焊接质量不良造成的道岔晃车，根治了焊缝病害。

7. 线路道岔超垫病害

超垫对轨底坡的影响较大，形成高低及轨距不良造成晃车。日常对高低病害的整治不是以捣固为主，而是以垫为主，线路道岔超垫后，水平高低虽非常平顺，因扣压力不足或扣压力虽已到位，但列车通过超垫的地点，垫片弹性大，下沉形成高低不良。线路超垫，静态检查时其轨距、方向都能达到规定要求，作业中不易查出，当列车通过时，垫板受力而下沉，形成小坑，钢轨轨头因扣压力不足向外偏移，列车过后线路又恢复到原有状态，此类病害不易查找。

对于线路道岔上的超垫调高垫板，作业前进行调查并做出标记。在天窗点内进行抽换，抽换后要加强捣固，防止因抽空捣固不实而产生新的晃车。

8. 空吊

尖轨和可动心轨部分空吊是道岔行车不平稳的主要原因。在列车高速通过道岔时，尖轨、可动心轨上下跳动，形成三角坑病害，使用便携式添乘仪检查时，反映出水加和垂加复合病害。

空吊病害形成的原因比较复杂，主要是岔区大平不好，存在长波的高低和漫塘，尖轨部分曲基本轨缺乏捣固，尖轨或可动心轨上拱，尖轨及可动心轨部分电务拉杆岔枕欠捣固，可动心部分曲股水平不到位。

空吊病害整治起来难度大，而且容易反弹，要经常检查和整治。动静态结合进行，利用动态准确确定空吊地点，加强捣固。道岔起道要同时起平四股，每根岔枕要通长捣固，防止因捣固不良出现空吊。

9. 离缝

尖轨和可动心轨的离缝是道岔常见病害，影响岔区的稳定性，往往和空吊病害一起产生。

尖轨离缝的原因较为复杂，主要是方向病害引起的尖轨离缝，昼夜或变换季节温差大时，受温度力影响，尖轨收缩或伸长，会出现尖轨离缝病害，岔区两端道岔易出现这样的病害，电务设备压力变化，滑床板上有障碍或顶铁设置不当造成。

尖轨离缝病害整治起来难度大，而且易反弹。整治离缝病害主要采取工电配合联合整治，拨正道岔大方向，对岔区前后1 km线路加强锁定，扣件压力达到要求，减小温度力的影响，对滑床板等设备进行检查，消除障碍物。

四、道岔精调精整实际案例

下面以汾阳站下行西岔区3月12日与3月2日轨检车对比,分析作业效果。对比选取地段:下K1045+950~K1046+550,此地段包含整个下行西岔区及岔区前后100 m。

1. 作业前,3月2日轨检车出分情况见表7-5。

表7-5 汾阳3月2日下行西岔区轨检车出分情况

位置		超限类型	峰值(mm或g)	长度(m)	超限等级	线形(直/缓/曲)	速度(km/h)	检测标准
km	m							
1级								
1 046	138	70 m右高低	-9.64	10	1	直	159	(120,160]
1 046	244	70 m右高低	9.77	6	1	直	159	(120,160]
1 046	484	70 m右高低	11.33	4	1	直	161	(120,160]
1 046	113	70 m左高低	11.52	6	1	直	159	(120,160]
1 046	138	70 m左高低	-10.31	9	1	直	159	(120,160]
1 046	242	70 m左高低	9.06	3	1	直	159	(120,160]
1 046	485	70 m左高低	9.41	6	1	直	161	(120,160]
1 046	97	垂向加速度	-0.11	1	1	直	159	(120,160]
1 046	218	垂向加速度	-0.1	1	1	直	159	(120,160]
1 046	496	垂向加速度	-0.12	1	1	直	161	(120,160]
1 046	515	垂向加速度	0.1	1	1	直	161	(120,160]
1 046	237	轨距变化率	-1.67	1	1	直	159	(120,160]
1 046	522	轨距变化率	-1.57	1	1	直	161	(120,160]
1 046	221	横向加速度	-0.07	2	1	直	159	(120,160]
1 046	233	横向加速度	0.07	1	1	直	159	(120,160]
1 046	256	横向加速度	-0.06	1	1	直	159	(120,160]
1 046	111	右高低	8.63	5	1	直	159	(120,160]
1 046	226	右高低	-6.31	1	1	直	159	(120,160]
1 046	243	右高低	6.9	3	1	直	159	(120,160]
1 046	484	右高低	7.67	3	1	直	161	(120,160]
1 046	515	右轨向	-5.15	1	1	直	161	(120,160]
1 046	113	左高低	8.35	4	1	直	159	(120,160]
1 046	242	左高低	6.55	2	1	直	159	(120,160]
1 046	515	左轨向	-5.44	1	1	直	161	(120,160]
2级								
1 046	111	70 m右高低	13.04	9	2	直	159	(120,160]
1 046	507	横向加速度	0.09	4	2	直	161	(120,160]
1 046	528	横向加速度	-0.09	3	2	直	161	(120,160]

2. 作业后,3月12日轨检车出分见表7-6。

表 7-6　汾阳 3 月 12 日下行西岔区轨检车出分情况

位置 km	位置 m	超限类型	峰值(mm 或 g)	长度(m)	超限等级	线形(直/缓/曲)	速度(km/h)	检测标准
1 级								
1 046	5	三角坑	-5.29	1	1	直	138	(120,160]
1 046	18	70 m 左高低	9.23	2	1	直	138	(120,160]
1 046	18	左高低	7.26	2	1	直	138	(120,160]
1 046	433	70 m 左高低	-8.42	1	1	直	140	(120,160]

3. 分析：由上述比较可以看出，此地段轨检车出分由作业前的 39 分，降低到作业后的 4 分，设备质量有了较大提高，道岔整修工作取得了一定成效，见表 7-7。

表 7-7　汾阳下行西岔区 3 月 2 日与 3 月 12 日轨检车出分情况对比

日期	超限类型	超限等级	超限个数	最大峰值(mm 或 g)	备注
3 月 2 日	70 m 高低	1	7	11.52	1 级分 24 处,2 级分 3 处
	70 m 高低	2	1	13.04	
	高低	1	8	8.63	
	垂向加速度	1	4	-0.12	
	轨距变化率	1	2	-1.67	
	横向加速度	1	3	0.07	
	横向加速度	2	2	0.09	
3 月 12 日	70 m 高低	1	2	9.23	1 级分 4 处,2 级分 0 处
	高低	1	1	7.26	
	三角坑	1	1	-5.29	
3 月 12 日与 3 月 2 日轨检车对比可见：高低、70m 高低、垂向加速度、轨距变化、率横向加速度等处分处所均大幅下降，3 月 12 日出了一处三角坑，分析为起道捣固处所设备不均匀下降而至					

4. 下面是两次轨检车波形图叠加对比(图 7-1)。

(1)轨距：轨距静态偏差现场按 ±1mm 管理，虽然动态有所变化(尤其是辙岔尖轨电务动作杆部位)，但总体情况控制良好，作业前波形图上的峰值均被消减。与轨距相对应，图纸上轨距变化率的线形趋近一条直线。

(2)轨向：轨向利用 CPⅢ网测量数据进行拨道，并且在线路改道时兼顾处理碎方向。

(3)高低：参照 CPⅢ网测量数据，对岔区及前后线路的高低进行坡度优化起道，使波形图峰值减缓，达到平顺。

(4)三角坑：三角坑作业前后效果不明显，分析原因：

① 捣固人员捣固质量不一。

② 线路本身软硬不均带来的不均匀沉降。

③ 部分地段石砟不足。

作业人员通过对 200~60 kg/m 钢轨 12 号可动心轨辙叉的道岔性能及结构特点的学习了解，在对道岔产生的病害进行认真分析的基础上，结合精确的 CPⅢ网测量数据及现场实际情况，制定并优化作业方式和作业流程，从而使作业后，道岔质量状态有了较大提高。

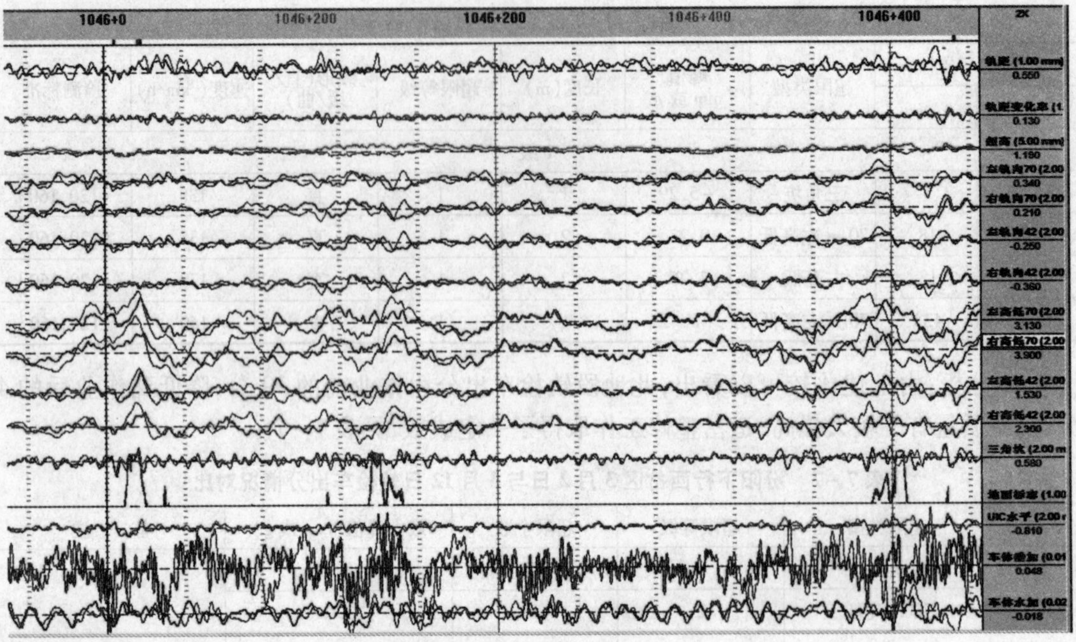

图 7－1　轨检车波形图叠加对比

第八章　安全防护设施

第一节　防灾安全监护系统

随着高速铁路的飞速发展，自动化防灾安全监控系统已经成为高铁设备不可或缺的重要组成部分。根据《高速铁路防灾安全监控系统管理办法》（铁运〔2010〕28 号）和《高速铁路防灾安全监控系统—公跨铁立交桥异物侵限监测方案》（运技基础〔2010〕739 号）要求，太中银铁路对全线安装雨量监控系统，对于行车速度大于 160 km/h 区段安装异物侵限监测系统，构成防灾安全监控系统。防灾安全监控系统是雨量监测子系统及异物侵限监控子系统的集成系统，对危及太中银铁路列车运行安全的灾害性降雨、异物侵限等灾害进行实时监测报警、预警、控制列车停车，可以有效发挥其灾害监测报警、预警功能，确保太中银铁路列车安全运行。

一、整体系统构成

系统采用统一的处理平台，由雨量及异物侵限现场监测设备、现场监控单元、监控数据处理设备、工务终端、调度所设备、传输网络等组成，如图 8 – 1 所示。

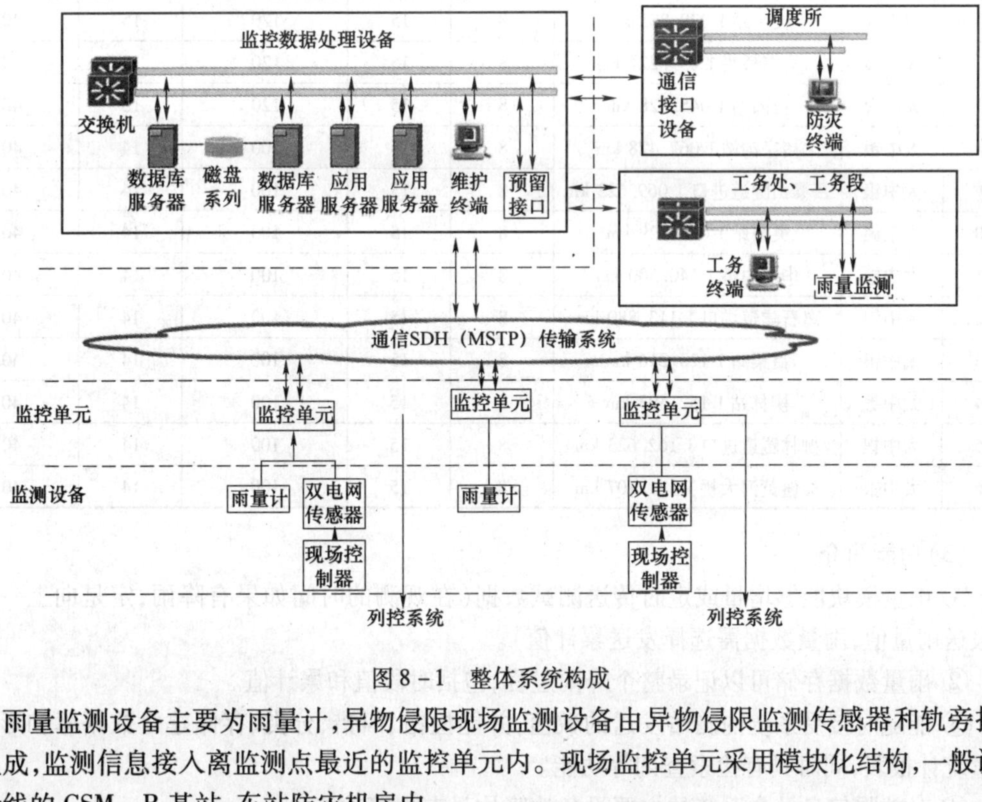

图 8 – 1　整体系统构成

雨量监测设备主要为雨量计，异物侵限现场监测设备由异物侵限监测传感器和轨旁控制器组成，监测信息接入离监测点最近的监控单元内。现场监控单元采用模块化结构，一般设置于沿线的 GSM – R 基站、车站防灾机房内。

监控数据处理设备由数据服务器、应用服务器、存储设备、维护终端及打印机等组成，一般设置在与综合维修段(综合维修工区、保养点)或工务车间邻近的车站防灾机房内。

防灾安全监控系统的监控设施应设置于工务处调度和工务段调度,也可在行车调度指挥中心设置。

二、现场监测设备布置说明

1. 雨量监测

(1)布设位置

在运营速度大于160 km/h区段设置雨监测点。雨监测点布设于路堑、隧道口及不良路基地段等易产生塌方、水冲线路的处所。每处雨监测点设置一台雨量计。

(2)布设方案及警戒办法

本线雨量监测点布设方案及警戒值详见表8-1。

表8-1　雨量计监测点布设方案及警戒值一览表

序号	线别	雨量计设置地点	出巡警戒值(mm)		限速警戒值(mm)		封锁警戒值(mm)
			1 h	连续雨量	24 h 连续雨量	1 h	1 h
1	太中银	北流堡站969.833 km	8	15	120	15	40
2	太中银	上跨208国道桥987.768 km	8	15	120	15	40
3	太中银	清徐站1 003.403 km	8	15	120	15	40
4	太中银	交城站1 014.803 km	8	15	120	15	40
5	太中银	文水站1 028.285 km	8	15	120	15	40
6	太中银	马东桥头1 039.224 km	8	15	120	15	40
7	太中银	汾阳站1 045.528 km	8	15	120	15	40
8	太中银	褚家沟站1 062.428 km	8	15	100	14	40
9	太中银	吕梁山隧道进口1 069.623 km	8	15	100	14	40
10	太中银	吴城站1 096.529 km	8	15	100	14	40
11	太中银	华严中桥1 140.500 km	8	15	100	14	40
12	太中银	离石隧道进口1 113.880 km	8	15	100	14	40
13	太中银	吕梁站1 128.216 km	8	15	100	14	40
14	太中银	柳林站1 152.593 km	8	15	100	14	40
15	太中银	柳林隧道进口1 162.623 km	8	15	100	14	40
16	太中银	吴堡黄河大桥1 171.107 km	8	15	100	14	40

(3)功能简介

① 雨量模块能够增量或定时传送测试数据(在观测的时间如果有降雨,定是向上一级设备报送雨量值,雨量数据需选择发送累计值)。

② 雨量数据存储可以记录整个降雨过程,包括时段值和累计值。

③ 能随时接受系统内测站发送的数值,并能检错、纠错、分类、存储建立数据库和形成降雨量统计报表,同时具有检索查询等功能。

④ 对越限信息及全系统的主要设备故障均具有报警功能。

⑤ 可通过显示器、打印机等显示设备,打印各类文件图表及各监测站降雨量的实际分布

图和变化过程以及预报结果。

⑥ 能向上级主管部门远程传输雨量数据和与流域内其他系统实现信息互享。

⑦ 可以满足小时降雨量监测报警，并支持报警限值修订。

2. 异物侵限监测装置

(1)设置原则

根据“关于印发《高速铁路防灾安全监控系统—公跨铁立交桥异物侵限监测方案》的通知”(运技基础〔2010〕739 号)中“线路允许速度不大于 160 km/h 区段内的公跨铁立交桥不设异物侵限监测装置”有关精神，本次设计在线路允许速度大于 160 km/h 区段内的公跨铁立交桥设置异物侵限检测装置。

(2)设置方案

① 公跨铁立交桥异物侵限装置由竖向监测电网、水平承重网、“L”形支架等三部分组成，见图 8－2 所示。

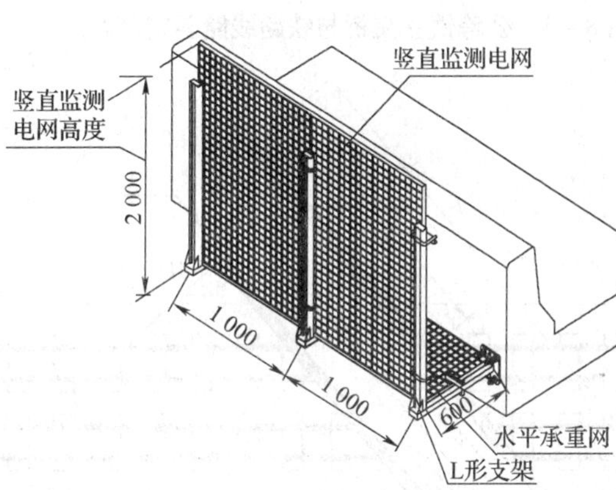

图 8－2　公跨铁立交桥异物侵限监测装置及其安装示意图(单位：mm)

② 异物侵限监测装置长度的计算

根据“关于印发《高速铁路防灾安全监控系统—公跨铁立交桥异物侵限监测方案》的通知”(运技基础〔2010〕739 号)有关精神公跨铁立交桥与太中银铁路线路的关系见图 8－3～图 8－5 所示。

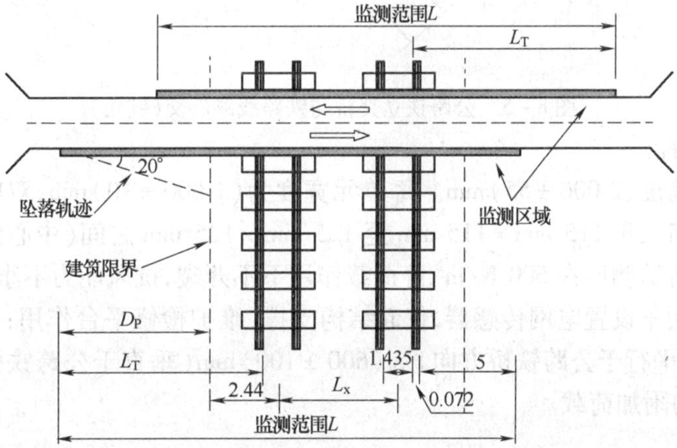

图 8－3　公跨铁立交桥与铁路线路正交(单位：m)

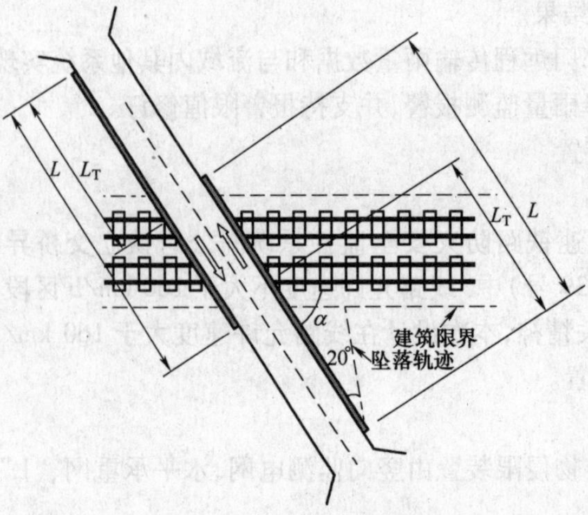

图 8－4　公跨铁立交桥与铁路线路斜交(锐角)

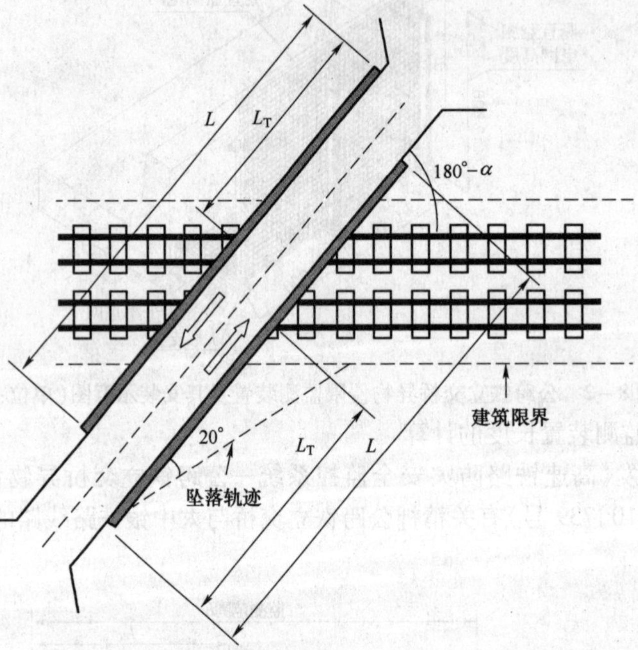

图 8－5　公跨铁立交桥与铁路线路斜交(钝角)

③ 监测网设置

竖直监测网高度(2 000 ±55)mm。每单元宽度为(1 000 ±10)mm,双电网传感器内置于竖直监测网。栅格大于 115 mm×115 mm 至 125 mm×125 mm 之间(中心线到中心线),质量不大于 15 kg;竖直监测网在 500 N/m^2 静荷载作用下不开裂,抗风能力不小于 50 m/s。

④水平承重网不设置电网传感器,仅起结构支撑、维护检修平台作用;水平承重网每单元(1 000 ±10)mm(平行于公跨铁桥方向)×(600 ±100)mm(垂直于公跨铁桥方向),能够承载不小于 1 000 N 的附加荷载。

(3)功能简介

① 异物侵限监测系统实时监测侵入铁路限界的异物,触发列控系统使列车产生制动,并在发生异物侵限事故所对应的闭塞分区外方停车。

② 列车一度停车后，司机按照调度员指挥以目视行车模式运行至发生异物侵限的事故地点前方适当距离二度停车，由司机确认异物侵限情况并报告调度员。

③ 侵限的异物清理完毕，现场抢险人员按压轨旁控制器中的复位开关使异物侵限监控子系统复位，司机确认限界安全并经调度员同意后恢复正常运行。

④ 双电网传感器一根电网断线时，防灾系统发出警报，不触发列控系统；双电网传感器两根电网断线时，防灾系统在发出报警的同时触发列控系统，使列车产生紧急制动。

第二节　太中银防护栅栏及施工通道

一、太中银铁路防护栅栏

太中银线路两侧，安装钢筋混凝土拼装式栅栏，全线共安装防护栅栏 238 km，预留栅栏门 79 处。防护栅栏设于排水沟或天沟外 1.0 m 处。无排水沟时，设于护道外 1.0 m 处，无天沟时设于路堑堑顶外 1.0 m 处。在隧道、特大桥、大中桥内及立交涵洞出入口处不设防护栅栏，但区间防护栅栏应延伸到桥头及涵洞顶部或包围桥台锥体，防止人畜进入路基。区间防护栅栏上每隔 500 m 设“严禁入内”标志。

1. 设计原则

栅栏的设置应结合线路途径地区自然地理状况、环境特点及路基状态等实际情况，坚持防护功能与路基稳定兼顾的原则，基本按照地界范围，选择通用结构形式和陡坡地段结构开工，确保发挥防护作用。

栅栏安装除保证封闭保护线路功能外，还应兼顾与线路的协调、美观。一般地段栅栏顶端和下端纵向平齐（下段与地面的间距不超过 10 cm）；凹凸、沟洼等路基条件不平整的特殊地段，栅栏上端要保证防护高度，与地形起伏坡度延续平行，下端要安装至凹凸、沟洼的底部位置，保证间距尺寸，确保整体防护功效；与线路走向要保持基本平行；与桥梁、隧道、涵渠以及其他既有建筑物合理、严密顺接。

靠近村镇、人口密集区、车站两端、上跨立交桥下线路两侧等特殊地段，对铁路两侧进行封闭设置。

2. 结构简介

钢筋混凝土防护栅栏由立柱、上栅、下栅、栏片、柱帽构建组成，现场拼装。栅栏高 2.2 m，每单元（相邻两立柱中心距离）为 3.00 m。各构件采用 C30 混凝土预制，主筋采用 HRB335，箍筋及构造筋采用 HPB235（图 8－6）。

（1）立柱截面尺寸为 180 mm×180 mm，两侧设置 100 mm 长牛腿支撑，以便搭接下栅。在台阶处过度出两侧牛腿支撑高差 270 mm，防护栅栏的起点、终点或与其他建筑物连接时，单侧设牛腿支撑。

（2）上栅下栅

上栅高度为 120 mm，分端部及中间两种形式，分别于防护栅栏起终点位置及中间位置，其下部有向下开口的卡槽，卡槽深度 15 mm；防护栅栏下栅高度 155 mm，预制钢筋混凝土栏片通过上下栅的卡槽固定。

（3）栏片

每单元含两片烂片，空隙宽 120 mm，防护栅栏栏片高度 1 845 mm。

（4）柱帽截面尺寸为 180 mm×180 mm，高度为 150 mm，中心预留螺栓孔，用于立柱顶部及台阶过渡处前后上栅间的连接，拼装后螺栓孔采用 C30 混凝土封填。

图 8－6 钢筋混凝土防护栅栏

图 8－7 栅栏通道

二、栅栏通道门的安装

为方便铁路作业人员进入栅栏内部，全线设置栅栏通道门 79 处（图 8－7）。

原则上栅栏通道门为金属门，颜色为乳白色。底部安装滑轮、滑槽。

第三节 其他安全防护设施

一、铁路跨公路立交桥涵限高防护架（图 8－8）

1. 太中银铁路立交桥涵的限高防护架按照专桥设（05）8184 铁路桥梁限高防护架通用图标准设置，对于新增立交桥或既有桥涵下新修道路需设置限高防护架时，也应按该标准设置，或在该标准基础上进行结构加强后设计。限高防护架上应当按照《道路交通标志标线》（GB 5768—1999）标准的相关要求设置限高标志。

(a) 三角式限高防护架　　(b) 桁架式限高防护架

图 8－8 限高防护架

2. 凡立交桥涵下净高不足 5 m，通行机动车辆的立交桥涵均须设置限高防护架。限高防护架的设置位置不能影响其他相临道路的正常通行，设置宽度不得小于道路路面的实际宽度，距桥梁边缘的距离应满足铁路安全保护区距离的规定（因条件限制无法满足规定距离要求时可适当调整）。

3. 限高防护架设置净高（横梁底至路面）应比立交桥涵下实际净高稍小。设置净高比桥涵实际净高低 20 ~ 100 mm 为宜。既不能影响正常车辆通行,又要确保其防护作用。

4. 立交桥下非机动车道若不能确保其不通过机动车辆,亦应设置限高防护架。

5. 分车道行驶的双孔立交桥,仅在单孔设置限高防护架,并设靠右行驶指示交通标志。

6. 限高防护架参照《铁路桥隧建筑物修理规则》规定进行涂装,并按照《道路交通交通志标线》(GB 5768—1999)涂刷警示条纹。

二、声 屏 障

太中银铁路列车的运行速度达到了 160 km/h,因噪声较大,为减轻其对铁路沿线附近居民生活的影响,特在太中银铁路附近有村庄的地段设置了声屏障(图 8 - 9)。

桥上的声屏障箱梁的翼缘板的端部,采用高强螺栓固定工字型钢立柱,再将声屏障逐一镶立在立柱槽口里面;路基地段的声屏障则安装在路肩外侧。

图 8 - 9　桥上声屏障

附录　太中银安全标准线建设标准(工务部分)

第一章　总　　则

第1.0.1条　为保证太中银铁路工务设备正常维护和使用，提高工务设备维修管理水平，尽快将太中银铁路建成安全标准示范线，确保行车安全，特制定本标准。

第1.0.2条　建线实施部门分工

1. 有砟轨道地段线路上部轨道结构部分由线路车间负责实施；路基及桥隧涵设备由桥隧车间负责实施。

2. 无砟轨道地段轨枕上部的钢轨、扣件系统由线路车间负责实施，轨枕及以下部分由桥隧车间负责实施。

第二章　线　　路

第一节　轨道静态几何尺寸容许偏差管理标准

第2.1.1条　线路轨道静态几何尺寸容许偏差管理值按附表1中的容许偏差管理值执行。

附表1　线路轨道静态几何尺寸容许偏差管理值

项　　目		作业验收	经常保养	临时补修
轨距(mm)		+2 −2	+4 −2	+6 −4
水平(mm)		3	5	8
高低(mm)		3	5	8
轨向(直线)(mm)		3	4	7
三角坑(扭曲)	缓和曲线(mm)	3	4	6
	直线和圆曲线(mm)	3	4	6

注:①轨向偏差和高低偏差为10 m弦及以下弦测量的最大矢度值。

②三角坑偏差不含曲线超高顺坡造成的扭曲量，检查三角坑时基长为6.25 m，但在延长18 m的距离内无超过表列的三角坑。

第2.1.2条　道岔静态几何尺寸容许偏差管理值按附表2中的容许偏差管理值执行。

附表2　道岔轨道静态几何尺寸容许偏差管理值

项　　目	作业验收	经常保养	临时补修
轨距(mm)	+2 −2	+4 −2	+5 −2
水平(mm)	3	5	7

续上表

项目		作业验收	经常保养	临时补修
高低		3	5	7
轨向（mm）	直线	3	4	6
	支距	2	3	4
三角坑（扭曲）（mm）		3	4	6

注：①支距偏差为现场支距与计算支距之差。

②导曲线下股高于上股的限值：作业验收为0，经常保养为2 mm，临时补修为3 mm。

③三角坑偏差不含曲线超高顺坡造成的扭曲量，检查三角坑时基长为6.25 m，但在延长18 m的距离内无超过表列的三角坑。

④尖轨尖处轨距的作业验收的容许偏差管理值为±1 mm。

⑤专用线道岔按其他站线道岔办理。

第2.1.3条　轨道静态几何尺寸容许偏差管理值中，作业验收管理值为综合维修、经常保养和临时补修作业的质量检查标准；经常保养管理值为轨道应经常保持的质量管理标准；临时补修管理值为应及时进行轨道整修的质量控制标准。

第二节　轨道动态不平顺管理标准

第2.2.1条　轨道检查车对轨道动态局部不平顺（峰值管理）检查的项目为轨距、水平、高低、轨向、三角坑、车体垂向振动加速度、横向振动加速度、横加变化率、轨距变化率和曲率变化率共十项。

各项偏差等级划分四级：Ⅰ级为保养标准，Ⅱ级为舒适度标准，Ⅲ级为临时补修标准，Ⅳ级为限速标准。

1. 各级容许偏差管理值见附表3。

2. 轨道检查车检查线路区段整体不平顺（均值管理）的动态质量用轨道质量指数（TQI）评定。其管理值见附表4。

附表3　轨道动态质量容许偏差管理值

项目		160 km/h < V < 200 km/h			
		Ⅰ级	Ⅱ级	Ⅲ级	Ⅳ级
轨距（mm）		+4 −3	+8 −4	+12 −6	+15 −8
水平（mm）		5	8	12	14
三角坑（基长2.5 m）（mm）		4	6	9	12
高低（mm）	波长1.5～42 m	5	8	12	15
轨向（mm）		5	7	10	12
高低（mm）	波长1.5～70 m	6	10	—	—
轨向（mm）		6	8	—	—
车体垂向加速度（m/s^2）		1.0	1.5	2.0	2.5
车体横向加速度（m/s^2）		0.6	0.9	1.5	2.0

续上表

项　　目	160 km/h < V < 200 km/h			
	Ⅰ级	Ⅱ级	Ⅲ级	Ⅳ级
轨距变化率(基长2.5 m)(‰)	1.2	1.5	—	—
曲率变化率(基长18 m)($m^{-2}\times10^{-6}$)	2.0	2.5	—	—
横向加速度变化率(基长18 m)(m/s^3)	1.0	3.0	—	—

注:①高低和轨向偏差为计算零线到波峰的幅值。

②水平限值不包含曲线按规定设置的超高值及超高顺坡量。

③三角坑限值包含缓和曲线超高顺坡造成的扭曲量。

④车体垂向加速度采用20 Hz低通虑波,车体横向加速度采用10 Hz低通虑波,加速度等速检测速度应在V_{max}(1±10%)范围内。

⑤避免出现连续多波不平顺和轨向、水平逆向复合不平顺。

附表4　轨道质量指数(TQI)管理值

项目	高低	轨向	轨距	水平	三角坑	TQI
管理值	1.5×2	1.6×2	1.1	1.3	1.4	10.0

注:波长范围为1.5~42 m的单项标准差计算长度200 m。

第三节　无砟轨道维修管理标准

第2.3.1条　无砟轨道结构

太中银长大隧道内双块式无砟轨道结构由钢轨、扣件、双块式轨枕、混凝土道床板、混凝土支承层等组成。维修作业时严禁撞击轨下基础,保持轨下基础的完好。

第2.3.2条　无砟轨道检查

1. 隧道内无砟轨道的铺设要与其所在路段的轨道铺设相结合,其下基础要稳固,纵向坡度匀顺,安装时要满足设计要求,严格控制依靠轨下胶垫所调整的高度。

2. 隧道内无砟轨道应修筑良好的排水系统,妥善排导地下水,保持基底干燥。

3. 无砟轨道应经常保持各部位的完好状态,加强日常对无砟轨道基础的检测,防止因地质变化对基础造成的病害。对运营中不良的轨道基础,应分析病害产生的原因,制定措施,进行整修。

4. 无砟轨道基础出现下沉、上凸、混凝土裂缝、错台等严重病害不能保持轨距、方向、水平、高低时,应立即进行整修。

5. 隧道洞口路隧、桥隧之间应设过渡段,洞内不同形式的轨道结构之间,应根据其刚度差异,结合地质条件,设置过渡段。

6. 隧道内无砟轨道整体道床,应重点检查支承块松动或损坏,隧道内道床基底沉陷,道床与水沟边墙交界处、中心水沟、伸缩缝等部位的裂缝、变形、错台等。

7. 无砟轨道地段线路轨道几何尺寸、轨道结构每月检查一次;采用精测网方法每半年检查一次。对设备不良地段应采用精测网方法及时检测。

第四节　线路综合维修验收标准

第2.4.1条　线路综合维修验收评分标准按附表5规定。满分为100分,85~100分为优良,60～85(不含)分为合格,60分以下为失格。失格线路整修复验后,在60分及以上者为合格。

附表5　线路综合维修验收评分标准

项目	内　容	编号	扣　分　条　件	抽验数量	单　位	扣分(分)	说　明
轨道几何尺寸	轨距、水平、三角坑	1	超过作业验收标准容许偏差	连续检测100 m	处	4	选择质量较差地段,有曲线时检测一个曲线的正矢,曲线正矢超过作业验收标准容许偏差每处扣4分
		2	超过经常保养标准容许偏差		处	41	
		3	轨距变化率大于1‰		处	2	
	轨向、高低	4	超过作业验收标准容许偏差	全面查看重点检测	处	4	
		5	超过经常保养标准容许偏差		处	41	
钢轨	焊缝	6	新焊接的焊缝不符合《钢轨焊接技术条件》(TB/T 1632.1～TB/T 1632.4);原焊缝打磨后:不符合第4.2.1条的钢轨打磨作业验收标准	全面检测	处	8	
	胶接绝缘接头	7	绝缘接头轨端肥边大于2 mm	同上	处	8	
		8	胶接绝缘接头的质量不符合《胶接绝缘钢轨技术条件》(TB/T 2975)	全面检测	处	8	
轨枕	位置	9	位置、间距偏差或偏斜大于50 mm	全面查看重点检测	处	1	枕上或枕下离缝大于2 mm者为吊板,枕下暗吊板不明显者,可卸下弹条查看
	失效	10	失效	同上	处	41	
	修理	11	应修未修	全面查看	根	1	
	空吊率	12	大于8%	连续检测50头	每增加1%	2	
联结零件	垫板、轨距挡块	13	缺少	连续查看100头	块	2	
		14	失效超过8%	连续查看检测100头	每增1%	1	
	弹条	15	缺少	连续查看100头	个	2	
		16	扣压力不符合规定	同上	每增1%	1	
纵向位移观测桩	纵向位移	17	无缝线路位移观测桩缺少	全面检测	km	41	
道床	脏污	18	枕盒或边坡清筛深度不足,清筛不洁/翻浆冒泥	全面查看,重点扒开道床检查	每10 m/孔	2/41	按工务段下达的计划验收
	外观	19	道床断面不符合标准、不均匀、不整齐、有杂草	全面查看	每10 m	1	
路基	路肩	20	不平整、有反坡、有大草	同上	每20 m	1	单侧计算
	排水	21	侧沟未疏通或弃土不符合规定	同上	每10 m	2	
标志标记	标志	22	缺损、歪斜、字迹不清	同上	个	2	
	标记	23	钢轨上各种标记不齐全,位置不对,不清晰或错误	同上	处	1	

第2.4.2条　道岔综合维修验收评分标准按附表6规定。满分为100分,85～100分为优良,60～85(不含)分为合格,60分以下为失格。失格线路整修复验后,在60分及以上者为合格。

附表6　道岔综合维修验收评分标准

项目	内容	编号	扣分条件	抽验数量	单位	扣分(分)	说明
轨道几何尺寸	轨距、水平、支距	1	超过作业验收标准容许偏差	全面检测	处	4	同时检测两线间距小于5.2 m的连接曲线轨向,用10 m弦测量,连续正矢差超过2 mm,每处扣4分
		2	超过经常保养标准容许偏差		处	41	
	轨向、高低	3	超过作业验收标准容许偏差	全面查看重点检测	处	4	
		4	超过经常保养标准容许偏差		处	41	
	查照间隔	5	超过容许限度	全面检测	处	41	尖趾距离指可动心轨辙叉长心轨尖端至叉趾的距离
	尖趾距离	6	同上	同上	处	41	
钢轨	尖轨、可动心轨靠贴	7	尖轨尖端与基本轨、可动心轨尖端与翼轨不靠贴	全面检测	组	41	不靠贴指二者之间的缝隙大于1 mm
	胶接绝缘接头	8	绝缘接头轨端肥边大于2 mm	同上	处	8	
		9	胶接绝缘接头的质量不符合《胶接绝缘钢轨技术条件》(TB/T2975)	全面检测	处	8	
	焊缝	10	新焊接的焊缝不符合《钢轨焊接技术条件》(TB/T1632.1 ~ TB/T1632.4); 原焊缝打磨后:不符合第4.2.1条的钢轨打磨作业验收标准	全面检测	处	8	
岔枕	位置	11	位置或间距偏差大于40 mm	同上	处	2	枕上或枕下离缝大于2 mm者为吊板,枕下暗吊板可根据道床与岔枕间状态判断,不明显者可扒开道床查看
	失效	12	失效	同上	处	41	
	修理	13	应修混凝土岔枕未修	全面查看	根	2	
	空吊率	14	大于8%	连续检测50头	每增1%	2	
联结零件	滑床板	15	尖轨、可动心轨与滑床板缝隙大于2 mm	同上	块	2	
		16	滑床板及护轨弹片上反或离缝大于2 mm,销钉离缝大于5 mm	同上	块	2	
	螺栓	17	顶铁、间隔铁及护轨螺栓缺少/顶铁离缝大于2 mm	全面查看	个、块	16/8	
		18	顶铁、间隔铁及护轨的螺栓松动	查看检测	个、块	2	
		19	长心轨与短心轨联结螺栓缺少、松动	同上	个	41	
		20	其他各种螺栓缺少、松动	同上	个	1	
	铁垫板	21	铁垫板或橡胶垫板、橡胶垫片缺少	连续查看50块	块	2	
	胶垫	22	橡胶垫板或橡胶垫片失效超过8%	连续查看检测50块	每增1%	1	
	扣件	23	扣件缺少	连续查看50个	个	2	一组扣件的零件不全,按缺少一个计算
		24	扣件扭矩(扣压力)不符合规定或弹条扣件中部前端下颚离缝大于1 mm者,超过8%	连续查看检测50个	每增1%	1	
纵向位移观测桩	纵向位移	25	道岔两尖轨尖端相错量大于20 mm,无缝道岔位移观测桩缺少	检测	组	41	

续上表

项目	内容	编号	扣分条件	抽验数量	单位	扣分(分)	说明
道床	脏污	26	枕盒内或边坡道床不洁/翻浆冒泥	全面查看、重点扒开检查	组/孔	6/41	
	外观	27	道床断面不符合标准、不均匀、不整齐、有杂草	全面查看	组	4	
路基	路肩	28	不平整、有反坡、有大草	同上	组	2	
	排水	29	侧沟未疏通或弃土未清理	同上	组	4	
标志标记	标志	30	警冲标损坏或不清晰	查看检测	组	8	警冲标缺少或位置不对扣41分
	标记	31	钢轨上各项标记不全,位置不对,不清晰或错误	全面查看	处	1	含钢轨编号、轨距、支距、钢轨伤损等标记

第三章　桥隧部分

第一节　桥　　面

第3.1.1条　有砟桥面桥上轨下枕底道砟厚度不应小于35 cm,直线地段和曲线内股不应大于45 cm。

第3.1.2条　接触网立柱内侧至线路中心最小距离不应小于3.00 m,曲线地段接触网支柱内侧边缘至线路中心净距应满足建筑限界加宽的要求。当接触网支柱设置在桥面上时,不宜设在梁跨跨中。

第3.1.3条　钢栏杆、钢筋混凝土栏杆,高度不小于1.0 m,立柱和扶手的水平推力应能承受0.75 kN/m均布荷载和1.0kN集中荷载的要求。栏杆在梁的活动端应断开或在梁缝处设伸缩缝。立柱垂直度不大于立柱高度的1‰;扶手高度应保持一致,10 m长矢度不大于10 mm。

第3.1.4条　下列桥梁应铺设护轨:

1. 桥长大于50 m的有砟桥面及无砟无枕桥梁、桥长大于10 m的明桥面钢梁桥;
2. 跨越铁路、重要公路、城市交通要道的立交桥;
3. 多线桥上的各线按上述第1、2项办理,多线框构桥可只在两外侧线路上铺设。

第二节　钢结构保护涂装

第3.2.1条　钢梁、钢—混凝土结合梁、钢拱肋、钢管拱、拱桥钢吊杆、人行道钢栏杆、疏散通道、吊篮、围栏、限高防护架等都应进行保护涂装,防止钢结构生锈。

第3.2.2条　钢结构重新涂装的涂装体系应符合《铁路钢桥保护涂装》(TB/T 1527)规定,并满足如下要求:

1. 钢梁现场涂装不应采用无机水性富锌防锈底漆。
2. 电弧喷铝用铝丝材质应采用GB/T 3190中LF2,含铝量为99.5%以上。
3. 金属涂层采用环氧类封孔剂进行封孔时,封孔层厚度无要求,涂覆的封孔剂至不被吸收为止;封孔后应加涂相应的配套涂料。
4. 栓焊梁螺栓连接部分摩擦面涂装,采用电弧喷铝时涂层厚度为(150±50)μm;采用无机富锌防锈防滑涂料时,涂层厚度为(120 ±40)μm。涂层的抗滑移系数不小于 0.55。杆件栓接点外露的铝表面、无机富锌防锈防滑涂料表面与涂料涂层搭接处应涂装特制环氧富锌防锈底漆。

5. 氟碳面漆的氟含量不应低于 20%。

第 3.2.3 条　在涂装底漆前,应将钢料表面的污泥、油垢、铁锈、旧漆皮和氧化皮彻底清除干净。清除方法:钢梁、钢—混凝土结合梁、钢拱肋、钢管拱、拱桥钢吊杆应采用喷砂、喷丸清理;人行道钢栏杆、疏散通道、吊篮、围栏、限高防护架等附属钢结构可采用手工清理,严禁使用腐蚀性物质清理钢表面。

第 3.2.4 条　根据使用的涂料品种、施工方法和构件部位的不同,涂装对钢结构表面清理等级应符合下列规定:

1. 电弧喷铝或涂装环氧富锌底漆时,钢表面清理应达到 Sa3.0 级。

2. 涂装酚醛红丹、醇酸红丹底漆时,钢表面清理应达到 Sa2.5 级。

3. 箱形梁内表面涂装环氧沥青底漆时,钢表面清理应达到 Sa2.0 级。

4. 人行道钢栏杆、疏散通道、吊篮、围栏、限高防护架等附属结构或局部维护涂装使用红丹底漆时,钢表面清理应达到 St3.0 级。

第 3.2.5 条　钢结构的维护涂装:

1. 钢梁涂膜粉化达 3 级时,应清除涂层表面污渍,用细砂纸除去粉化物,然后覆盖相应的面漆二道。当涂膜粉化达 4 级且底漆完好时,也应按以上要求处理。

2. 涂膜起泡、裂纹或脱落劣化达 2 ~ 3 级时,底漆完好,清理损坏区域周围疏松的涂层,并延伸至未损坏的涂层区域 50 ~ 80 mm 坡口,局部涂相应的底漆和相应的中间漆、面漆。如要保持涂层表面一致,可在局部涂面漆后,全部再覆盖面漆。

3. 涂膜劣化达 2 ~ 3 级生锈时,应清除松散的涂层,直到良好结合的涂层区域为止,表面清理应达到 St2.0 级,未损坏的涂层区域边缘按本条第 2 款要求处理,然后局部涂装相应的底漆和相应的中间漆、面漆。如要保持涂层表面一致,可在局部涂面漆后,全部再覆盖面漆。

4. 旧喷锌或铝涂层发生锈蚀劣化类型为 2 ~ 3 级生锈时,应除去松动的锌或铝涂层和涂料涂层直到良好结合的锌或铝涂层区域为止,钢表面锈蚀清理应达到 Sa2.5 级。对于未损坏的涂料和锌或铝涂层区域边缘按本条第 2 款要求处理。对于电弧喷锌或铝涂层清理部位,也可改涂特制环氧富锌防锈底漆二道,然后涂相应的中间漆和面漆。

5. 涂膜局部严重损坏应及时清理和涂装。

6. 限高防护架底漆《铁路钢桥保护涂装》(TB/T 1527)第 1 套涂装体系,面漆按照有关规定执行。

第三节　支座和防落梁挡块

第 3.3.1 条　常用跨度桥梁应采用盆式橡胶支座,大跨度梁宜采用球钢支座,墩台基础工后沉降大的桥梁应采用调高支座。常温型盆式橡胶支座支座适用温度为 -25 ~ +60 ℃,耐寒型支座适用温度为 -40 ~ +60℃。

第 3.3.2 条　支座位置安装应符合下列规定:

1. 同一座桥梁,线路一侧的支座位移约束条件应相同。避免因气温变化引起梁缝处相邻梁端(相邻墩顶梁体)横向反方向温度位移。

2. 对双线整孔简支 T 梁,每孔梁一端应安装两个固定支座(GD)和两个横向活动支座

(HX),另一端安装两个纵向活动支座(ZX)和两个多向活动支座(DX)。固定支座和纵向活动支座在梁的内侧,横向活动支座与多向活动支座在梁的外侧。

3. 对双线连续梁,每联梁应在一个墩顶安装固定支座和横向活动支座,其余墩顶安装纵向活动支座和多向活动支座。固定支座和纵向活动支座在梁的同一侧,横向活动支座与多向活动支座在梁的另一侧。

4. 对斜交梁,支座纵向位移方向应与梁轴线或切线一致。

第 3.3.3 条 支座板边缘至墩台边缘的距离应符合附表 7 规定。

附表 7 支座板边缘至墩台边缘的距离

跨度 L(m)	$L<16$	$16\leqslant L<20$	$20\leqslant L<32$	$32\leqslant L<40$	$L\geqslant40$
距离(cm)	15	20	25	35	40

第 3.3.4 条 支承垫石顶面与下支座板之间应采用无收缩灌浆料重力灌浆填实,厚度应在 20 ~ 30 mm 之间;四个支点的反力与平均值相差不应超过 ±5% 。

第 3.3.5 条 支座位置上下座板必须水平安装,支座与梁底及垫石间必须密贴无缝隙,水平各层部件间应密贴无缝隙。活动支座滑动面应保持洁净滑润,保证梁跨自由伸缩、转动。固定支座应稳固可靠。支座安装允许偏差应满足附表 8 规定。

附表 8 橡胶支座安装允许偏差

<table>
<tr><th>序 号</th><th colspan="2">项 目</th><th>允许偏差(mm)</th></tr>
<tr><td rowspan="2">1</td><td rowspan="2">支座下座板中心与墩台支座设计中心纵向错动量</td><td>墩台高度 30 m 及以下</td><td>20</td></tr>
<tr><td>墩台高度大于 30 m</td><td>15</td></tr>
<tr><td rowspan="2">2</td><td rowspan="2">支座下座板中心与墩台支座设计中心横向错动量</td><td>墩台高度 30 m 及以下</td><td>15</td></tr>
<tr><td>墩台高度大于 30 m</td><td>10</td></tr>
<tr><td rowspan="2">3</td><td rowspan="2">同端支座中心横向距离</td><td>偏差与桥梁中心线对称</td><td>+30、-10</td></tr>
<tr><td>偏差与桥梁中心线不对称</td><td>+15、-10</td></tr>
<tr><td>4</td><td colspan="2">聚四氟乙烯板 4 个角点的外露高度</td><td>+0.6、0</td></tr>
<tr><td>5</td><td colspan="2">支座板四角高差</td><td>1</td></tr>
<tr><td>6</td><td colspan="2">上下座板十字线扭转</td><td>1</td></tr>
<tr><td>7</td><td colspan="2">同一梁端两支座高差</td><td>1</td></tr>
<tr><td>8</td><td colspan="2">一孔箱梁四个支座中,一个支座不平整限值</td><td>3</td></tr>
<tr><td>9</td><td colspan="2">固定支座上下座板及中线的纵、横错动量</td><td>1</td></tr>
<tr><td>10</td><td colspan="2">活动支座中线的纵横错动量(按设计温度定位后)</td><td>3</td></tr>
</table>

第 3.3.6 条 支承垫石的高度应满足维修养护的需要,其高度不应小于 35 cm。

第 3.3.7 条 支座锚栓直径不应小于 24 mm,支承垫石顶的套筒孔应采用无收缩灌浆料重力灌浆填实,螺栓标准件应采用渗锌或多元合金共渗防护处理。

第 3.3.8 条 支座钢质外露部分防腐涂装应采用 TB/T1527 规定的第 6 套涂装体系。

第 3.3.9 条 活动支座应设置可靠的便于拆装的防尘装置。

第 3.3.10 条 在坡道上,固定支座宜设在较低一端。在车站附近,设在靠车站一端。

第 3.3.11 条 盆式橡胶支座出现下列状态之一时,应及时处理:

1. 聚四氟乙烯板磨耗严重,外露厚度不足 0.2 mm。

2. 聚四氟乙烯板滑出,滑出长度超出不锈钢板边缘10 mm以上。

3. 位移或转角超限,位移量≥10 mm,转角超过设计值的20%。

4. 锚栓剪断数量>25%。

5. 橡胶密封圈脱落或外翻。

6. 下支座板与支承垫石间灌浆料开裂。

7. 支承垫石开裂、积水、翻浆。

8. 盆式橡胶支座盆环开裂或脱焊,或钢支座钢部件裂纹深度≥10 mm,主要受力部位焊缝脱焊。

第3.3.12条 防落梁挡块出现下列状态之一时,应及时处理:

1. 活动支座旁挡块与支承垫石顶死。

2. 活动支座旁挡块与墩台顶面顶死。

3. 墩顶相邻跨挡块连成整体,影响梁体自由伸缩。

4. 挡块与支承垫石之间的空隙大于40 mm。

第四节 混凝土梁及墩台

第3.4.1条 混凝土梁及墩台应具有要求的强度、刚度、抗渗、耐久性和整体稳定性,并经常保持状态良好。

第3.4.2条 支承垫石、墩帽(或墩身上部不少于1.5 m范围)应采用钢筋混凝土,混凝土强度等级分别不应低于C40和C35;墩身混凝土强度等级不应低于C35,并应设护面钢筋。桥墩混凝土保护层厚度不应小于4 cm。

第3.4.3条 混凝土梁墩台恒载裂缝宽度限值如附表9所列。

附表9 混凝土梁及墩台恒载裂缝宽度限值

梁别	裂缝部位		最大裂缝限值(mm)
预应力混凝土梁	梁体	下缘竖向及腹板主拉应力方向	不允许
		纵向及斜向	0.2
		横隔板	0.3
钢筋混凝土梁及框构	主筋附近竖向		0.25
	腹板竖向及斜向		0.3
墩台	顶帽		0.3
	墩台身	经常受侵蚀性环境水影响	有筋0.2,无筋0.30
		常年有水但无侵蚀性	有筋0.25,无筋0.35
		干沟或季节性有水河流	0.4
	有冻结作用部分		0.2

第3.4.4条 混凝土梁及墩台如发现下列状态,应及时处理:

1. 防排水设施失效,梁体表面泛白浆。

2. 混凝土保护层中性化大于30 mm。

3. 钢筋混凝土梁裂缝流锈水。

4. 混凝土梁碱—集料反应导致梁体产生裂缝。

5. 混凝土梁及墩台恒载裂缝宽度大于附表9规定的限值。

6. 预应力混凝土梁徐变上拱造成跨中道砟厚度不足30 cm。

7. 相邻跨梁端或梁端与桥台胸墙间顶紧,或相邻跨人行道栏杆顶紧,影响自由伸缩。

8. 意外事故造成梁体或墩台混凝土局部溃碎或钢筋变形、折断。

第3.4.5条　桥墩有可能受到汽车撞击且影响行车安全时,应对桥墩采取加固或防撞等措施。

第3.4.6条　梁底至地面高度小于4 m,墩身或墩周边应设置防护栏。

第3.4.7条　位于水库、江河中的桥梁,其墩台不足以承受冰压力时,应在冬季结冰期进行破冰工作。

第五节　涵　洞

第3.5.1条　涵洞应采用钢筋混凝土框架箱涵、钢筋混凝土圆涵。水流夹带泥沙、石块、树枝杂草,易造成淤塞磨损时,或经常有水,冬季可能形成冰锥时,不应采用钢筋混凝土圆涵。

第3.5.2条　排洪涵洞的最小孔径不应小于1.25 m,且全长不应大于25 m。当全长大于25 m时,孔径还应相应加大。无淤积的灌溉涵孔径不应小于1.0 m,长度不宜超过15 m。当全长大于25 m时,孔径还应相应加大。

第3.5.3条　交通涵不应积水。排洪涵应与路基排水沟和外部排水顺接。

第3.5.4条　涵身应铺设新型防水层,节间接缝、沉降缝、伸缩缝不漏水,保证路堤及基底的稳定性。

第3.5.5条　涵洞如有满流情况时,可采用在入口处抬高管节及增砌漏斗形进口的办法处理。

第3.5.6条　受地形限制,不得不设置倒虹吸时,应采用钢筋混凝土框架箱形结构;孔径不应小于1.25 m;节间密封不渗水、应密不透水,无渗透现象,路基和基地应具有抗渗稳定性;出入口与渠道连接的渐变段应进行铺砌加固,末端设置垂裙;竖井口设置钢筋混凝土活动盖板,进口处设置拦污栅,进口前应设置闸门式溢洪道;当渠道水流挟带粗砂以上大颗粒物质时,进口应设置沉淀池。

第3.5.7条　涵洞必须保持状态完好,如发现下列状态之一时,应及时处理:

1. 钢筋混凝土结构裂缝宽度大于等于0.3 mm。

2. 涵身破损变形、错位、拉开造成漏土或排水不畅;冻害引起线路变形。

3. 涵身、端、翼墙基础冲坏、基底局部冲空。

4. 涵洞基底冒水潜流,洞内渗漏水,影响路基稳定。

5. 涵洞严重腐蚀风化、脱落深度≥20 mm,面积≥0.5 m^2。

6. 涵洞淤积严重,影响排洪。

7. 涵洞进出口护锥及防护设施冲毁。

8. 倒虹吸拦污栅、溢洪道闸门破损。

第六节　框构顶进

第3.6.1条　无砟轨道区段路基、有砟轨道区段有可能破坏地基加固效果的路基地段、各种过渡段,禁止立交框构顶进。

第3.6.2条　顶进框构距过渡段的最小水平距离不应小于路基高度+2 m,并距接触网立柱基础水平距离不应小于5 m。框构顶进必须采取严格的工程措施,防止路基沉降。

第 3. 6. 3 条　钢筋混凝土框构应满足《铁路混凝土结构耐久性设计暂行规定》,混凝土强度等级不低于 C35;有抗渗要求时,应采用抗渗等级不低于 P10 的混凝土。

第 3. 6. 4 条　桥涵顶进施工需架空线路时,应采用可靠的加固体系。

第 3. 6. 5 条　框构桥涵外形尺寸误差,应符合下列规定:

宽度为 ±50 mm,轴向长度为 +100 mm、-50 mm,顶板、底板厚度为 $^{+20}_{-5}$ mm,中、边墙厚度为 $^{+20}_{-5}$ mm;梗肋为 ±3% 。

第 3. 6. 6 条　框构桥涵的顶进误差,应符合下列规定:

中线:一端顶进时为 200 mm;两端顶进时为 100 mm;高程:顶程的 1% ,但偏高不得超过 150 mm,偏低不得超过 200 mm。

第 3. 6. 7 条　圆涵的顶进误差,应符合下列规定:

中线:50 mm;高程:偏高 20 mm,偏低 50 mm;管节错口:一端顶进时为 10 mm;对顶时为 30 mm。

第 3. 6. 8 条　顶进桥涵的接口应采取可靠的防渗漏措施,并具有良好的耐久性。地质不良地段,应进行地基加固;就位后应对边墙两侧路基进行加固处理。

第 3. 6. 9 条　通行车辆、行人的立交桥涵,应有良好的防排水设施。

第 3. 6. 10 条　框构主体顶面和侧墙外面应按规定作防水层,顶面防水层还应设有 C40 的纤维混凝土保护层;带土顶进时,顶部防水层的保护层厚度不得小于 8 cm。

第七节　隧　　道

第 3. 7. 1 条　Ⅰ、Ⅱ级围岩地段应采用曲墙带钢筋混凝土底板的二次衬砌;地下水发育的Ⅱ级围岩和Ⅲ、Ⅳ、Ⅴ、Ⅵ级围岩应采用曲墙带仰拱二次衬砌,且Ⅳ、Ⅴ、Ⅵ级围岩应采用钢筋混凝土拱墙和仰拱。

第 3. 7. 2 条　软、硬地层分界处及对衬砌受力有不良影响处应设置变形缝,变形缝宽度宜在 20 ~ 30 mm。

第 3. 7. 3 条　钢筋混凝土拱墙、仰拱保护层厚度不应小于 5 cm,底板不应小于 4 cm。

第 3. 7. 4 条　二次衬砌厚度应符合以下规定:

1. Ⅰ、Ⅱ级围岩拱墙厚度不应小于 35 cm,底板最小厚度不应小于 30 cm、仰拱厚度不应小于 45 cm。

2. Ⅲ级围岩混凝土拱墙厚度不应小于 40 cm,仰拱厚度不应小于 50 cm。

3. Ⅳ级围岩混凝土拱墙厚度不应小于 45 cm,仰拱厚度不应小于 55 cm;对黄土隧道,拱墙厚度不应小于 50 cm,仰拱厚度不应小于 60 cm。

4. Ⅴ级围岩混凝土拱墙厚度不应小于 50 cm,仰拱厚度不应小于 60 cm;对黄土隧道,拱墙厚度不应小于 60 cm,仰拱厚度不应小于 70 cm。

第 3. 7. 5 条　双线隧道应设置中心水沟(管);当隧道干燥无水,且长度在 1 km 以内、仰拱全长设置的隧道,可不设中心水沟(管)。

第 3. 7. 6 条　隧道洞门宜采用斜切式和帽檐式结构,不宜扰动原有坡面。当洞口附近有建筑物或特殊环境时,可设置洞口缓冲结构。洞门、缓冲结构基础必须置于稳固的地基上;土质地基时,埋入深度不应小于 1. 0 m,并应在冻结线以下 0. 25 m。

第 3. 7. 7 条　洞口构缓冲结构设置,应根据列车型号及编组长度、隧道长度及净空有效面积、轨道类型、洞口附近地形、居民情况,宜采用与隧道衬砌内轮廓相似的开孔减压式钢筋混凝土结构,减压孔面积宜在隧道净空有效面积的1/3~1/5。

第3.7.8条　无砟轨道道床。

1. 隧道内无砟轨道的铺设要与其所在路段的轨道铺设相结合,其下基础要稳固,纵向坡度匀顺,安装时要满足设计要求,严格控制依靠轨下胶垫所调整的高度。

2. 隧道内无砟轨道应修筑良好的排水系统,妥善排导地下水,保持基底干燥。

3. 无砟轨道应经常保持各部位的完好状态,加强日常对无砟轨道基础的检测,防止因地质变化对基础造成的病害。对运营中不良的轨道基础,应分析病害产生的原因,制定措施,进行整修。

4. 无砟轨道基础出现下沉、上凸、混凝土裂缝、错台等严重病害不能保持轨距、方向、水平、高低时,应立即进行整修。

5. 隧道洞口路隧、桥隧之间应设过渡段,洞内不同形式的轨道结构之间,应根据其刚度差异,结合地质条件,设置过渡段。

第3.7.9条　隧道、明洞应保持状态完好。如发现下列病害,应查明原因,及时或立即处理:

1. 拱部衬砌压溃、掉块;衬砌严重风化、腐蚀造成衬砌崩塌、剥落;衬砌多条裂缝贯通;应立即处理。

2. 仰拱或整体道床变形损坏,导致基床下沉、道床翻浆,影响轨道稳定,应立即处理。

3. 严重漏水、涌砂、涌水—拱部漏水,影响接触网正常使用;边墙淌水,造成严重翻浆冒泥,道床下沉;严寒地区漏水造成结冰侵限;涌水、涌砂浸泡道床;应立即处理。

4. 洞门仰坡坍塌、落石,危及行车安全,应立即处理。

5. 衬砌开裂、变形、损坏—衬砌裂纹长度>5 m、宽度>5 mm;衬砌变形速率>10 mm/年,应及时处理。

6. 衬砌腐蚀疏松深度大于衬砌厚度的1/6、面积在0.3 m^2 以上,应及时处理。

7. 洞内、外排水设施损坏、失效,影响排水功能,应及时处理。

8. 洞口仰坡及进出口路堑边坡有剥落可能时,坡面应及时防护。

第3.7.10条　隧道内应保持清洁,定期清除衬砌表面及整体道床上尘土、杂物。

第3.7.11条　选用的建筑材料应符合结构强度和耐久性的要求。同时,根据结构功能的需要还应满足抗冻、抗渗、抗侵蚀的要求。混凝土的抗渗等级不应低于P8。

第3.7.12条　在寒冷及严寒地区隧道受冻害影响的地段,衬砌混凝土强度等级应适当提高,抗渗等级不应低于P10。

第3.7.13条　隧道内、外应有完善的防排水设施,并达到:

1. 衬砌表面、施工缝、变形缝、设备安装孔眼,不漏、不渗、无湿渍。

2. 排水系统不应出现堵塞、溢流、渗漏、淤积、冻结、冲刷,在有冻害地段的衬砌背后不积水。

3. 瓦斯隧道必须设置全包防水。

第3.7.14条　独立明洞洞身应设纵向排水沟和横向排水坡,隧道洞口接长明洞,应与隧道洞身设置相同的排水沟。

第3.7.15条　隧道内排水沟坡度应与线路坡度一致。在隧道中的分坡平段范围内和车站内的隧道,排水沟底排水坡度不应小于1‰的,流入排水沟的横向排水坡不应小于2%。

第 3. 7. 16 条　排水型、防水型隧道纵向盲管分段长度分别不应大于 15 m 和 30 m，并直接连连通至侧沟，盲沟上部设高度不小于 30 cm、厚度在 10 ~ 15 cm、碎石粒径 10 ~ 30 mm 的无砂混凝土反滤层；环向盲管通过泄水管与侧沟相连，泄水管直径不应小于 10 cm。

第 3. 7. 17 条　排水型隧道，环、纵向排水盲管设置在初期支护与防水板之间；防水型隧道，环、纵向排水盲管设置在防水板与二次衬砌之间。环向设置直径不小于 5 cm 的排水盲管，间距一般在 5 ~ 10 m；在仰拱与拱墙施工缝高度、无仰拱衬砌的边墙基础距侧沟底 30 cm 左右高度设置纵向直径不小于 8 cm 的纵向排水盲管，两侧对称设置。

第 3. 7. 18 条　隧道外部的地表水丰富时，应有良好的地表和洞顶排水系统。地表沟谷；坑洼积水渗水对隧道有影响时，宜采用疏导、铺砌和填平等措施，不使洞外地表水渗流到隧道内。

第八节　河道、防护设备及调节河流建筑物

第 3. 8. 1 条　桥涵附近河道的淤土杂物必须清除。对有泥石流的桥涵，可采取在上游修建拦砂坝、拦石栅或加陡桥涵下游河道坡度等方法，以防止河床发生淤塞。

第 3. 8. 2 条　有流冰的河流，在墩台前应设有破冰棱和其他防冰设施。破冰设备可附在墩身上或单设。单设时破冰棱的结构形式，视水流流向与墩台交角而定，破冰棱尾端距墩台一般为 2 ~ 8 m。如流冰量较大，可在破冰棱前 30 ~ 50 m 处设置前哨破冰棱，其数量为墩台数的 1/2 ~ 1/3。

第 3. 8. 3 条　对有冻害的桥涵应予以整治，在未彻底整治前须采取防冻措施。

第 3. 8. 4 条　对浅基墩台应进行防护加固。加固方法一般采用局部防护、整体防护或钻孔桩围幕等。防护标高应符合下列原则：

1. 局部防护的防护面不高于一般冲刷线，整体防护的防护面一般不高于河床最低点；
2. 防护的标高不得影响桥孔规定的泄洪能力，也不允许造成淹没堤防及上游农田的后果；
3. 防护的形式和标准，力求做到全桥等强度。

第 3. 8. 5 条　对桥长大于 50 m 的浅基墩台，宜采用桩基托换或其他可靠的局部防护措施。

第 3. 8. 6 条　遇有下列情况时，应修建或加固防护设备和调节河流建筑物，也可根据具体情况，对河道作适当的裁弯取直。

1. 水流威胁桥台、桥头路基及淘刷桥头路基的堤脚。
2. 河道变迁，流向不顺，造成集中冲刷，影响局部墩台的稳定。
3. 防护设备或调节河流建筑物位置不当，数量不够，强度不足，可能造成冲毁或损坏。

第九节　其　　他

第 3. 9. 1 条　在桥梁各个部位（包括特大桥桥头堡）、桥下和桥梁上下游各 30 m 范围内，不应堆放易燃易爆物品。

第 3. 9. 2 条　旱桥桥下地界范围，宜采用简易栅栏封闭，保护铁路用地和桥下通道。

第 3. 9. 3 条　通航桥梁应按照航道管理部门的有关规定，在桥上设置航道标志及照明，并保证其显示正确及完整。

第 3. 9. 4 条　路内外其他部门，原则上不允许通过桥隧建筑物安装高低压电缆、电线、各种管路等设备。如必须通过时，应有可靠的安全措施，并经所属公司、铁路局批准。任何情况下，上述设备的安装，必须限于桥梁承载力容许范围内，并不得侵入铁路桥隧建筑限界及妨碍桥隧的检查修理工作。

路内外单位需要通过路基增设立交桥、涵渠等设备,应与设备管理单位协商,报铁路局批准后,按有关规定实施。

第四章　路基部分

第一节　基本技术条件

第4.1.1条　路基设备应满足轨道稳定性、平顺性的要求,及时消除路基病害,加强路基基床,改善路桥、路涵过渡段处路基状态、作好路基排水和边坡防护工作,提高路基抵抗长期连续强降雨、洪水等自然灾害的能力。对软土地基沉降尚未稳定的路段还应进行地基加固。

第4.1.2条　路基基床分为表层和底层。基床范围取设计标准道床底面以下。太中银预留时速200 km/h条件,基床厚度2.5 m,其中表层为0.6 m,底层为1.9 m。基床应有足够的刚度、强度和稳定性。

第4.1.3条　基床表层应采用级配碎石或级配砂砾石等材料,其压实标准应符合附表10、附表11规定。

附表10　基床表层级配碎石的压实标准

填　料	厚　度(m)	压　实　标　准			备　　注
		地基系数 K_{30}(MPa/m)	动态变形模量 E_{vd}(MPa)	孔隙率 n	
级配碎石	0.7(0.6)	≥190	≥55	<18%	路堤
级配碎石	0.55(0.5)	≥190	≥55	<18%	当为软质岩、强风化硬质岩及土质路堑时
中粗砂	0.15(0.1)	≥130	≥45	<18	

注:①基床表层的 K_{30}、E_{vd}、n 三项指标要求同时检测,均必须满足压实标准。

②括号内数字为设计时速200 km。

附表11　基床表层级配砂砾石的压实标准

填　　料	压　实　标　准		
	地基系数 K_{30}(MPa/m)	动态变形模量 E_{vd}(MPa)	孔隙率 n
级配砂砾石	≥190	≥55	<18%

注:基床表层的 K_{30}、E_{vd}、n 三项指标要求同时检测,均必须满足压实标准。

基床底层应采用A、B组填料或改良土,其压实标准应符合附表12的规定。

附表12　基床底层压实标准

填　　料	压实标准	细粒土改良土	粗粒土	碎石类
A、B组填料及改良土	地基系数 K_{30}(MPa/m)	≥110	≥130	≥150
	动态变形模量 E_{vd}(MPa)	≥35	≥45	≥50
	压实系数 K	≥0.95		
	孔隙率 n		<28%	<28%

注:①压实系数 K 为重型击实标准(以下同)。

②改良土压实标准:当采用物理方法改良时,应符合本表规定;当采用化学方法改良时,除符合本表规定外,还应满足设计提出的技术要求。

③基床底层通常只要求检测 K_{30} 和 n 二项指标,在有特殊要求的情况下或 K_{30} 无法检测的部位可采用 E_{vd} 和 n 二项指标控制。

第 4. 1. 4 条　路肩宽度应不小于 1. 0 m，路肩应经常保持干燥、平整、无积水、无大草。

第 4. 1. 5 条　为防止软土及松软土地基上的路基及过渡段路基发生过大沉降变形，应加强检查与观测工作。

第 4. 1. 6 条　路基与桥台、路基与横向结构物连接处、路堤与路堑以及土质、软岩和强风化硬质岩路堑与隧道连接处应进行加固。既有路桥和路涵过渡段过渡段加固长度应按下式确定，但路桥过渡段长度不得小于 20 m、路涵不得低于 15 m。

$$L = 2h + A$$

式中　L——过渡段长度（m）；

h——桥台或涵洞高度（m）；

A——常数，桥取 5 m，涵洞取 2 m。

涵洞顶至轨底的高度大于等于 1. 2 m 时一般可不处理，但影响轨道平顺性的过渡段应进行加固。

第 4. 1. 7 条　应完善路基排水系统，水沟应与桥、涵、车站排水系统及其他排灌系统衔接，保证排水设施状态完好，排水通畅。

路基排水系统应做到沟沟相连、沟涵（桥）相通，并经常清理、整修，保持不堵不淤、不渗不漏、不冲刷、流水畅通的良好状态。

既有路基排水设施应及时根据路基各部分的排水面积、表面形状、周边地形、地质条件、地下水状况和气候等变化，对路基的排水系统进行改造。

两线路基面相连、不等高时，应设置排水设施，保证路基面不积水。

在水文地质条件复杂及易产生冻害地段，应对基床部分采取防水或防冻害措施。

第 4. 1. 8 条　路堤与桥台连接处应设置过渡段，并应符合下列规定：

1. 过渡段长度按下式确定：

$$L = 2(h - 0.7) + a$$

式中　L——过渡段长度（m）；

h——台后路堤高度（m）；

a——常数，取 3 ~ 5 m。

2. 台尾过渡段路堤可按以下方式设计（见附图 1）：

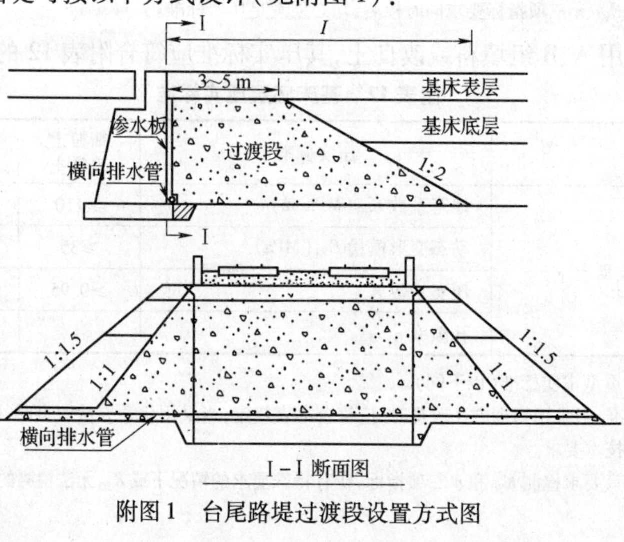

附图 1　台尾路堤过渡段设置方式图

过渡段路堤基床表层应满足第 4. 1. 3 条要求,并在与桥台连接的 20 m 范围内基床表层的级配碎石内掺入 3% ~5% 的水泥。表层以下过渡段范围内采用级配碎石掺入 3% ~5% 水泥分层填筑,填筑压实标准应满足 $K_{30} \geq 150$ MPa/m 和孔隙率 $n<28\%$ 。

路堤与横向结构物(立交框构、箱涵等)连接处,应设置过渡段(见附图 2)。过渡段应填筑级配碎石,填筑标准应为 $K_{30} \geq 150$ MPa/m 和 $n<28\%$ 。横向建筑物顶面以上基床表层的筑级配碎石应掺入 3% ~5% 的水泥。过渡段的基坑应回填混凝土或分层回填碎石,并用小型平板振动机压实。基坑回填至原地面平整后应用振动碾压机碾压至密实。涵顶填土厚度小于 1. 5 m 时,涵顶填筑级配碎石。

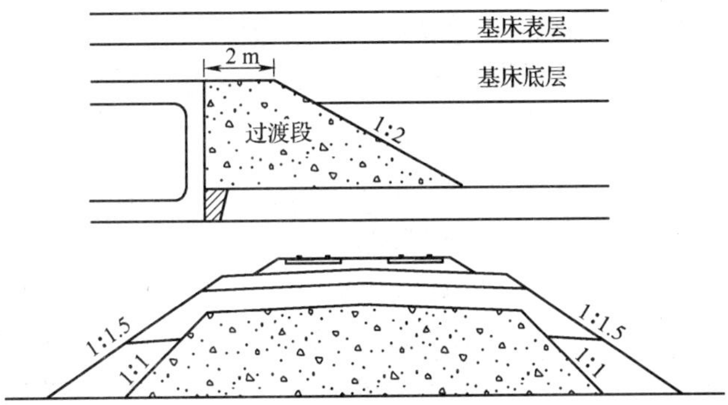

附图 2　路堤与横向结构物连接处设置方式图

路堤与路堑连接处,应设置过渡段。可采用下列设置方式:

1. 当路堤与路堑连接处为坚硬岩石路堑时,在路堑一侧顺原地面纵向开挖台阶,台阶高度 0. 6 m 左右。并应在路堤一侧设置过渡段,如附图 3 所示。

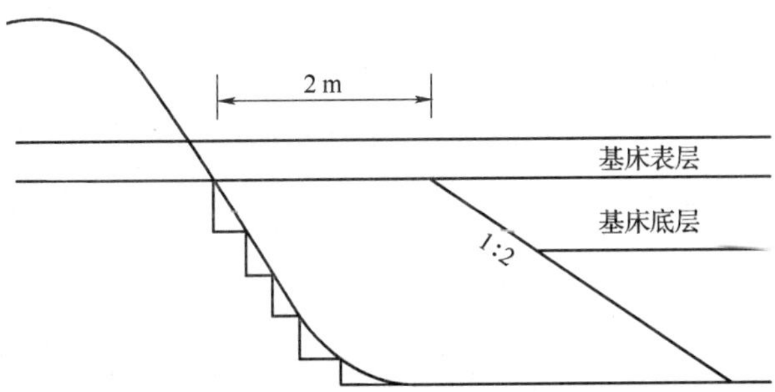

附图 3　堤堑过渡方式一

2. 当路堤与路堑连接处为软质岩石或土质路堑时,应顺原地面纵向挖成 1∶2的坡面,坡面上开挖台阶,台阶高度 0. 6 m 左右,如附图 4 所示,其开挖部分填筑要求应同路堤。

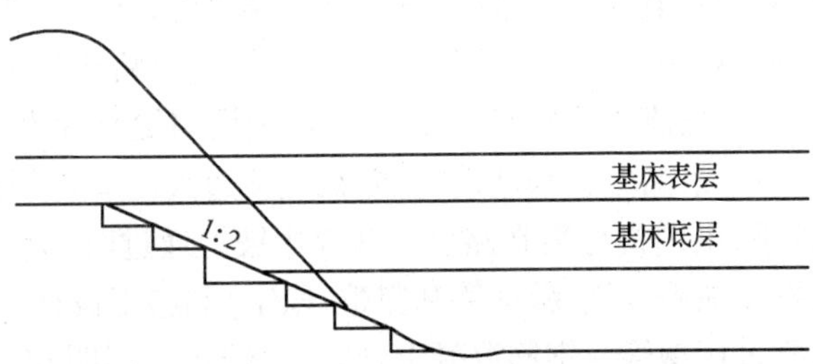

附图 4　堤堑过渡方式二

土质、软质岩及强风化硬质岩路堑与隧道连接地段，应设置长度不小于 20 m 的过渡段，并采用渐变厚度的混凝土或掺入适量水泥的级配碎石填筑。

第 4.1.9 条　坡面防护类型应根据填料及岩土性质、气候条件、水文条件及边坡高度等因素确定。填料及气候条件合适时，应优先采用植物防护，同时宜设置带排水槽的拱形骨架。

第二节　维修养护管理标准

第 4.2.1 条　为保持路基重点设备的完好状态，设备状态评定中的有关项目按附表 13 执行。

附表 13　路基设备状态评定扣分标准

编　号	病害种类	状态评定扣分标准		
		扣分内容	单　位	分　数
1	路堤边坡溜坍	坡面表层溜坍	10 m^2	2
		边坡严重裂缝	2 m	2
		边坡轻裂缝	4 m	2
		加固设备局部损坏	m^3	2
2	基床下沉外挤	基床下沉、路肩挤出	单线 1 m	10
3	基床翻浆冒泥	基床泥浆翻冒	单线 2 m	10
4	河岸冲刷	防护设备基础冲刷	m	2
		防护设备局部损坏	m^2	2
5	水浸路基	护坡、护道局部损坏或缺乏	20 m^2	2
6	排水不良	地面排水设备不良	20 m	2
		地下排水设备不良	10 m	2
7	沙害	风沙流堆积、吹蚀	m	10
8	冻害	一般冻害	处	5
		严重冻害	处	41
9	其他	路肩宽度不足	单侧 100 m	2
		砌筑路肩破损、阻水或不平	单侧 10 m	2

路基动态测试和评定以动应力和动变形为主，不良路基地段的动应力不得超过一般正常路基的 2 倍，路桥路涵过渡段的动应力不得大于一般路基的 1.5 倍，路基动变形不得超过 1 mm，过渡段路基动变形不得超过 0.8 mm。

第 4.2.2 条　在路肩设置电务信号基础及转辙机基础时，必须进行结构设计，采取措施确保路基面及基床的排水通畅，必要时可将此类基础设在桩上，以防止基床病害的发生。

电缆沟槽一般应从路堤坡脚外或路堑顶外通过，电缆沿路堤脚埋设时，应在路堤坡脚 2 m 以外（困难条件下为 1 m）。沿路堑顶部埋设时，应在堑顶边天沟 2 m 以外，无天沟时，应在堑顶 5 m 以外。特殊条件下，电缆沟槽需在路肩或路堤边坡上通过时，应进行径路结构设计（即不得损坏原有排水、防护和加固设施、保证路基完整、稳定）和施工设计。

电缆横穿线路时，要采用钢管或钢筋混凝土管防护，禁止采用明挖施工，管顶距路基面不得小于 0.8 m。路基上进行电缆沟槽施工时，必须严格按设计要求进行。埋设回填应达到路基施工验收标准。

电缆沟槽随线路改移或在路基上改移、增设,其设计、施工方案必须经铁路局设备管理部门批准,并与所属设备管理单位签订施工安全协议后方可施工。设备管理单位要加强对电缆沟槽施工的监护,对于不按规定施工的可责令其停止施工。

第4.2.3条　在路基上设置的电杆、接触网支柱等设备,其内侧距线路中心线不应少于3.1 m,同时不得阻碍路基排水,不得诱发路基下沉、边坡溜坍等病害。

第4.2.4条　禁止在影响路基安全的范围内进行挖沟、引水、储水、抽取地下水、耕种、取土、修路、开矿和开采砂石等人为活动。

第4.2.5条　路基设备的养护维修管理,由工务段派出的路桥车间、路基工区负责。

第4.2.6条　路基设备的大修由工务段提出大修计划,由太中银公司委托具有施工资质的单位进行施工,并实行大修监理制度。

第五章　其　　他

第一节　立交桥涵限高防护架设置标准

第5.1.1条　太中银铁路立交桥涵的限高防护架已按照专桥设(05)8184铁路桥梁限高防护架通用图标准设置,在以后新增立交桥或既有桥涵下新修道路需设置限高防护架时,也应按该标准设置,或在该标准基础上进行结构加强后设计。

第5.1.2条　限高防护架上应当按照《道路交通标志标线》(GB 5768—1999)标准的相关要求设置限高标志。

第5.1.3条　限高防护架由设备所属的工务段负责维修养护管理,立交桥涵限高标志应在设置完成后统一交由公(道)路所属的管理部门负责维修养护管理。

第二节　限高防护架及其标志的设置技术条件

第5.2.1条　凡立交桥涵下净高不足5 m,通行机动车辆的立交桥涵均须设置限高防护架。

第5.2.2条　限高防护架的设置位置不能影响其他相临道路的正常通行,设置宽度不得小于道路路面的实际宽度,距桥梁边缘的距离应满足铁路安全保护区距离的规定(因条件限制无法满足规定距离要求时可适当调整)。

第5.2.3条　限高防护架设置净高(横梁底至路面)应比立交桥涵下实际净高稍小。设置净高比桥涵实际净高低20~100 mm为宜。既不能影响正常车辆通行,又要确保其防护作用。

第5.2.4条　立交桥下非机动车道若不能确保其不通过机动车辆,亦应设置限高防护架。

第5.2.5条　分车道行驶的双孔立交桥,可仅在单孔设置限高防护架,并设靠右行驶指示交通标志。

第5.2.6条　为保证限高防护架的使用寿命,要参照《铁路桥隧建筑物修理规则》规定进行涂装,并按照《道路交通交通志标线》(GB 5768—1999)涂刷警示条纹。

参 考 文 献

[1] 铁建设函〔2005〕285 号. 新建时速 200 公里客货共线铁路设计暂行规定[S]. 北京:中国铁道出版社,2005.

[2] 铁运〔2006〕146 号. 铁路线路修理规则. 北京:中国铁道出版社,2006.